日本の社会教育第65集

ワークライフバランス時代における社会教育

日本社会教育学会編

（2021）

まえがき

　ワークライフバランスは，21世紀に入って登場した用語である。高度経済成長期に形成された労働と生活の「標準形」は，1990年代以降に解体が進み，今日では，形式的には働き方・生き方をめぐる多様な選択が可能になった。一方で，このような選択について，労働と生活のそれぞれを自己の責任と能力で個別に担うことが要求されるようにもなった。

　この流れの中で，ワークライフバランスの実現は政策課題として提示され，わたしたちは自らの労働と生活に関わる現況への対応を迫られることになった。2007年に策定された「ワーク・ライフ・バランス（仕事と生活の調和）憲章」（内閣府）は，その調和が実現した社会として，以下三点を示した。第一に「経済的自立を必要とする者，とりわけ若者がいきいきと働くことができ，かつ，経済的に自立可能な働き方ができ，結婚や子育てに関する希望の実現などに向けて，暮らしの経済的基盤が確保できる」社会，第二に「働く人々の健康が保持され，家族・友人などとの充実した時間，自己啓発や地域活動への参加のための時間などを持てる豊かな生活ができる」社会，第三に「性や年齢などにかかわらず，誰もが自らの意欲と能力を持って様々な働き方や生き方に挑戦できる機会が提供されており，子育てや親の介護が必要な時期など個人の置かれた状況に応じて多様で柔軟な働き方が選択でき，しかも公正な処遇が確保されている」社会の実現である。

　政策理念としてあったワークライフバランスは，同憲章からからまもなく15年を迎える今日までの間に，わたしたちの家庭や職場や地域で，多様に求められることによって定着した。たとえば，それは，職場における長時間労働の是正，仕事と家事・育児の両立を推し進めたり，家庭に父親を呼び戻したり，若年層が就職活動のなかで就職先選択に重視する点となるに至った。このように見ると，ワークライフバランスが個人的な要望であり，かつ，社会的な要請としてある2000年代以降については，ワークライフバランス時代と捉えることができよう。

　本書はこの時代において，まさに，個人の要望と社会の要請に応える社会

教育の研究と実践がどのように労働と生活をめぐる矛盾と葛藤に向き合うことができるのか，その意義と可能性を問うものである。このために，本書は以下の3部，すなわち，ワークライフバランス時代の背景や特徴について複数の観点から問い直す第一部，これまでの社会教育研究で取り上げられてきた対象や実践の再検討・再評価を行う第二部，労働と生活の変容を踏まえて社会教育の課題や新たな可能性を探る第三部から構成される。

　具体的に，第一部ではまず，雇用や労働の観点（池谷論文），および，ライフとしての家族の観点（冨永論文）から，制度政策や関連領域の研究レビューを通じて，それぞれの現状と課題が検討される。その上で，障害者とその母親のワークとライフへの着目から，健常者基準について問い直される（丸山論文）。さらに，リカレント教育をとりあげて過去と現在を結び，その今日的意義と日本の政策の状況についてスウェーデンとの対比から検討される（笹井論文）。

　続く第二部では，障害者の暮らしを支える主体の形成過程（橋田論文），ライフ・キャリアを支える支援のあり方（阿比留論文），社会教育職員として働く・生きる意味の獲得過程（井口・鈴木論文），女性管理職を対象とした研修とその空間の意味（堀本論文），生き方を問うことで労働と生活が創造されていく酪農の展開過程（河野論文）が取り上げられる。従前の社会教育（実践）についての再検討の成否は各論文をお読みいただきたいが，ここでは，これまでの社会教育研究ではまず並置されないであろう多様な対象や実践を，労働と生活を統合的にみるという観点から横刺することを試みる。

　そして，第三部では，困難を抱えた女性を対象にした労働と生活をつないだ支援（野依論文），シングルファザーを当事者とする社会教育実践の実際とその意義（吉岡論文），学校教員の働き方を問い直す上で社会教育の経験がもつ可能性（飯島論文），U・Iターン者による移住先での労働と生活と地域が結びついた暮らしの創造と学習実践（生島論文），生活学習と労働学習を統合する学習論（鈴木論文）を通じて，社会教育のこれからが展望される。

　本年報は日本社会教育学会プロジェクト研究「ワークライフバランス時代

における社会教育」（2017年10月〜2020年9月）の研究活動を軸にまとめられた。しかし，以上14本の論稿を通してみれば，社会教育研究としてのまとまりのなさやわかりにくさを感じる読者もあるかもしれない。たしかに本書のテーマは，日本社会教育学会内において，確固たる共通理解を得ているとは言いがたい。

　多様化と個別化を前提とするワークライフバランス時代において，社会教育を学習主体別で構想することには限界があり，また，公的社会教育のありようが大きく揺らぐなかで，その関与の有無や程度で社会教育の射程を問うこともますます困難になっている。この状況において社会教育の研究と実践を再構築するためには，これまでの豊かな蓄積に学びつつ，ある種のわかりやすさをも乗り越える新たな試みが幾重にも必要となる。

　奇しくもパンデミックが明らかにしたように，労働と生活をめぐる課題は，働いているか否か，家族がいるか否かを問わず，あらゆる人を巻き込み，誰しもを当事者にする。本書では，ワークライフバランスを多義的なまま用いることで，それぞれの研究枠組みや対象とした実践から見える労働と生活の実際を豊かに反映させることを企図する。そのような多義的で，曖昧な，豊かさからこそ，誰もが当事者となり，その当事者が出会い，実際生活の矛盾や葛藤に向き合い得る社会教育のこれからが見出せよう。

　最後に，本年報の刊行にご尽力いただいた東洋館出版社編集部の畑中潤様と大岩有理奈様に厚く御礼申し上げる。

2021年8月

年報第65集編集委員会委員長　池谷美衣子

目　次

第Ⅲ部　変容する労働と生活の中で，新たな社会教育の理論・実践を拓く

第Ⅰ部

ワークライフバランス
時代を問い直す

ワークライフバランスからみる
社会教育の課題と展望
―「誰もが働く社会」における労働と生活の再構築―

池谷　美衣子

1．本稿の問い

　労働と生活は不可分な関係にある。労働は生活の一部であり，労働者もまた生活者に違いない。労働と生活という用語やその関係は，時代を超えて議論を触発してきた魅力的なテーマである。

　他方，近代の産業社会において，雇用労働の多くは生活から労働を時間として切り出し，労働の場と生活の場を空間として分離することで成り立ち，その結果，不可分なはずの労働と生活は引き裂かれてきた。それを下支えしたものが性別役割分業であることは論をまたない。労働と生活は，不可分な関係でありながらも，時間と空間で，さらには当てがわれる役割により分断されてきたことを，私たちは経験している。

　では，労働と生活の関係について，今日の社会状況の中で改めて検討することは，社会教育にどのような展望を拓くのだろうか。本稿では，今日の社会状況を説明する用語としてワークライフバランスを取り上げ，この問いに応答する。

　以下では，雇用や労働に着目してワークライフバランスが課題化されてきた背景と現状を概観し，労働と生活の関係にかかわる社会教育研究の蓄積について日本社会教育学会年報から整理する。その上で，労働と生活の不可分

な関係が再発見されたワークライフバランス時代において，社会教育がその役割を果たし社会的な必要性を増すための問題提起を行う。

　なお，本稿では広い意味を含む一般用語としてワークライフバランスと表記するが，政策を指すことが明確な文脈ではワーク・ライフ・バランスと表記する。

２．ワークライフバランスの課題化

(1)　ワーク・ライフ・バランス政策の登場と「誰もが働く社会」への転換

　高度経済成長期以降1990年代半ばまで，日本社会の基盤には男性正規長期雇用を核とする雇用システムと，性別役割分業に基づく家族を基本とした社会システムがあった。1990年代の若年男性の非正規化，非婚・未婚の増加，少子化の進行などは，これらの雇用・社会システムの両輪が機能不全に陥ったことの証左であり，標準的と見なされてきた労働と生活のあり方の解体が進んだことになる[1]。この変化を受け，2000年代に労働と生活を包摂する新たな政策的グランドデザインとして登場したのが，「仕事と生活の調和（ワーク・ライフ・バランス）」理念であった。

　ワークとライフが並列されることへの疑義は当初から生活研究によって提示された。これに対して，日本社会ではワークのあり方がライフのあり方を規定する程度が大きい構造になっていることを問題にするものとして説明された[2]。すなわち，ワーク・ライフ・バランスという理念は，労働が優先されることで生活のありようが歪められ脅かされている状況を課題化するものとして提起されたのである。また，働く女性の課題として取り組まれてきたファミリー・フレンドリー施策が，男性を含んだワーク・ライフ・バランスとして提起されたことで，ようやく社会に広がることになった。

　この理念が実際の政策となると，その内容は多岐にわたる[3]。たとえば，長時間労働を解消するための規制強化と，働き方の柔軟化を推進する規制緩和が同じ理念のもとで議論され，少子化対策と男女共同参画社会の実現が結びつけられた。ワークライフバランスは，政府・労働者・使用者の間で理念

として同意されながらも，その方法や優先順位をめぐっては同床異夢であった。

　雇用や労働に着目すると，ワーク・ライフ・バランス政策に連なる働き方改革や女性活躍推進の下で，誰もが働き，働き続けることのできる社会への制度変更が目指されていると言えよう。具体的には，育児・介護休業法の改正，定年延長・継続雇用の推進，労働時間の上限規制，勤務間インターバル規制の導入，同一労働同一賃金，ハラスメント防止対策などが進められている。「誰もが働く社会」に向けて，これらの取り組みは年齢や性別，障害，雇用形態等による差別を解消し，働く人の事情に配慮した労働参加を保障・促進する反面，誰もが働くべきという規範への転換により，労働参加を強化する危うさを内包することになる。くわえて，雇用関係を伴わない働き方や労働者性の曖昧な労働者層が急速に広がっており，「多様な働き方・生き方の選択」と関わってその法的保護や政策対応が注視されるようにもなった[4]。

　以上を踏まえると，政策間の整合性や実効性には課題が指摘されるものの，ワーク・ライフ・バランス政策を通じて，男性正規長期雇用を核とする雇用システムとそれに規定された働き方が転換されようとしていることは確かである[5]。ただし，そのことが労働の場にある差別をどこまで解消し，かつディーセント・ワークの実現に寄与するかは，いまだ定かではない。

⑵　新たな価値創造を志向するワークライフバランス

　他方，私たちの日常においても，ワークライフバランスへの関心は定着しつつある。就職活動では企業選択の際に重視する点としてワークライフバランスがあげられ[6]，職場では，建設業・保育者・公務員など業種や職種ごとにワークライフバランスが自らの課題として受け止められ，実態調査や改善方策が重ねられている[7]。また，企業経営では，労働力確保や生産性向上のために，多様な背景や制約のある人がともに働く組織の実現が重要課題となり，ワークライフバランス推進はダイバーシティ・マネジメントや健康経営へと拡大している[8]。さらに，中学社会科（公民科）の教科書には，「ワーク・ライフ・バランス」が基礎用語として掲載され，経済学・経営学・法

学・社会学を中心に，新たな研究課題として各分野の入門書にも位置づけられるようになった[9]。

　政策用語としての登場から15年あまり，ワークライフバランスは多義的でありながら，あるいは，多義的であることによって，今日の日本社会において追求される新たな価値の一つとして認識されるようになった。すなわち，第一に男性正規雇用を核とする雇用システムと性別役割分業を主軸とする家族を基盤とした社会システムの機能不全への対応として，第二に労働力確保や少子化対策，男女共同参画の実現を含んだ政策概念として，そして，第三に標準とされた労働と生活のあり方への異議申し立てやニーズの変化を反映し，人々が創造する新たな価値の表現として，ワークライフバランスが課題化されたのである。

　もっとも，次々と行われる制度変更だけで，私たちの求めるワークライフバランスが自動的に実現されることはない。労働と生活の不可分な関係を受け止め，労働や生活をともにする他者と調整し，それぞれの願望や状況に応じてワークライフバランスを構築する営みは，人々が生きる日々の中にこそある。そこでは，労働と生活をめぐって葛藤や対立を生み出している社会構造を理解したり，雇用や労働に関わる新たな制度やルールを知って活用したり，理想と現実の乖離やその要因を発見して必要なものを要求したり，他者が創り出す労働と生活の多様なあり方に出会うなかで自らの生き方を模索したりなど，労働と生活の再構築に向けた足元からの実践が行われている[10]。つまり，ワークライフバランスをめぐっては，制度政策を中心とした議論から，日々営まれる暮らしのなかで人々が労働と生活の関係を見直し，その関係を組み替えながら自らの労働と生活を創造するという実践課題へと展開される段階に至っている。

　このような実践の課題に対しては，社会教育からの積極的な関与が期待される。すなわち，ワークライフバランス構築を個人や家族の自助努力に任せるのではなく，また，望ましいバランスを新たな規範として普及啓発するのでもない固有な課題があるはずである。社会教育は，労働と生活を創り出す主体の形成に力点を置き，労働と生活の再構築に向けた試行錯誤を他者と共有し，教育・学習の側面からその過程を支えるという点において，独自の役

割が期待されるのである。

3. 労働と生活の再構築に対する社会教育研究の応答

　労働と生活を創り出す主体の形成は，社会教育研究にとって古くて新しい問いである。ここでは，日本社会教育学会が刊行した学会年報を概観することで，労働と生活の再構築がどのように問われ，どのように応答されてきたのかを整理検討する。

(1) 都市化の中の労働と生活

　学会年報『生活構造の変容と社会教育』（1984年）では，「生活構造」に着目することで，揺らぐ社会状況そのものが対象化された。そこでは，「経済の高度成長とそれ以降の社会変動による国民の生活様式や意識の変容過程が社会教育に与えた影響はどのようなものであり，社会教育はそこでどのような問題にぶつかり，どう対応してきたのかを確かめる研究作業」として取り組まれた[11]。そこでいう生活は生産活動・余暇活動・消費活動として営まれる行動の総体とされ，都市と農村という地域特性にそれぞれ異なる変容が見出された。そして，都市化のなかで生じた一般行政による教育活動の活発化や文化行政の出現が，社会教育の「風化・拡散」でありつつも，住民の「生き方，暮らし方の変化に対応した行政側の施策であったのは言うまでもない」とされ，生活構造の変容が公的社会教育のありように影響を与えたことが捉えられた[12]。

(2) 労働と余暇の関係への着目

　学会年報『週休二日制・学校週五日制と社会教育』（1993年）では，「週休二日制社会」に着目して，労働と生活の関係が揺らぐ社会状況が対象化された。本年報は，前年度に刊行された学会年報『生涯学習体系化と社会教育』（1992年）を踏まえて，労働・余暇・自己実現などに社会教育がどのように

関わるのか問題提起を行うことが目的とされた。時短政策が展開され，週休二日制社会への動きがみられることに加え，人々の生活意識の面でも「生産至上主義に対する批判は，多くの人が生き方の再考察を始めることにつながっている」という状況認識のもと，ここでは労働と生活ではなく，労働と余暇の関係が再考されることになる[13]。そのためか，主婦の「仕事と家庭の両立」問題を取り上げた論考を除くと，労働と余暇の関係の中での家事やケアの位置は必ずしも明確でない[14]。

　他方で，本年報で行われた「社会全体の『企業社会』化が進む中で，ひとり社会教育は現在，自らを蚊帳の外に置き，『企業社会』の社会教育的解明に取り組めなくなっているのではなかろうか」という問題提起は，労働外の地域社会における住民の学習を対象としてきた社会教育の限界を端的に指摘するものであった[15]。さらに，本年報の中で発想された自由時間への「主体的な構え」や余暇増大による「文化価値上昇の動き」[16]，人間および生活を全体論的に把握する「労働の人間化」などは，今日もなお示唆的である[17]。

(3)　家族からのアプローチ

　また，労働と生活の不可分な関係を家族について観点に捉えた研究がある。たとえば，学会年報『現代家族と社会教育』（1988年）は，それまで高齢者問題や婦人問題として論じられてきた「家族」をはじめて正面から取り上げ，「二十一世紀に向けての新たな家族の構築に資する社会教育の役割を明確にする」ことが目指された[18]。そこでは，家族をめぐる問題が性別役割分業のとらえ直しという個人レベルでの意識変革にとどまってきたことに対し，「家族のあり方を考える学習をこえて，家族のあり方を考えることを余儀なくさせる生活全体の問い直しの学習」の必要性が提起された[19]。

　また，「家族」を学習テーマとして取り上げた社会教育実践の分析を通じて，妻が夫の長時間労働に対して諦観に近い言及をし，長時間労働それ自体が動かしがたい前提として語られる傾向が明らかにされ，これに対する学習課題として「解決の糸口をひとりひとりが見つけられるようにすること，と同時に一家族の問題とせずに社会的な問題としてそのことを捉え直す機会を

もつこと」が提起された[20]。

(4) 労働からのアプローチ

他方，労働に関わっては，学会年報『労働者教育の展望』（1970年）がある。同年報では「日本の社会教育にようやく成人教育の可能性がひらけてきた」とされたが，そこで登場する主たる「労働する成人」は稼ぎ主としての男性であった[21]。

その43年後に労働をテーマに刊行された『労働の場のエンパワメント』（2013年）では，社会教育が対象とする労働とは労働（生産）と生活（再生産）の曖昧な境界線を含むことが確認された上で，女性や若者，障害者など周辺化された雇用労働者，さらには雇用以前の状況に置かれた人々の課題やエンパワメントが描き出された[22]。ここでは，労働参加の強化による生きづらさの増大や，働く場にある男性正規健常者基準が容易には変更されない現実が明らかにされており，ワークライフバランスがもつある種の楽観性に警鐘を鳴らすものになっている。

(5) 労働と生活をつなぐことの困難

ここまでの整理を通じて，生活の場からも，労働の場からも，標準とされた労働と生活のあり方がもたらす歪さが課題とされ，労働と生活の不可分な関係を踏まえる必要がくり返し指摘されてきたことが確認される。

ただし，これだけ共通性のある課題が認識されながらも，労働の場の社会教育と生活の場のそれは別の系譜にあった。地域にいる生活者を軸に住民の学習を展開する社会教育において，地域不在の雇用労働者を取り込むことは難しく，「生活全体の問い直しの学習」のために労働と生活をつなぐ方法を見出すことは，実際にはかなり困難であった。また，労働を主軸とする研究の視点からは，社会教育研究に労働を位置づける必要性が提起され，なぜ労働が社会教育の対象にされにくいのかが分析され，社会教育関係者の「公的社会教育の枠外あるいは関連外にあるものは，社会教育と意識しない思考」までもが指摘された[23]。社会教育研究の範疇の検討と拡大は今なお重要な課

題であるものの，社会教育研究に労働を位置づけることが地域を中心に展開する社会教育とどのように関わり，公的社会教育をどう変容させるのかまでは踏み込まれてこなかったのである。

このことは，労働と生活が時間的・空間的・性別役割によって分断された社会において，社会教育研究・実践もまた，労働と生活の不可分な関係については課題としての指摘にとどまり，実際には労働と生活をめぐって生じる課題に対してそれぞれの持ち場で取り組まれてきたことを示している。すなわち，社会教育もまた，労働と生活の分断状況を支えていたという指摘を免れることはできない。

４．ワークライフバランス時代における社会教育の課題と展望

労働と生活が分断された社会状況に規定されながら蓄積されてきた社会教育の研究・実践にとって，労働と生活の関係が正面から政策課題として取り上げられ，ワークライフバランスが日本社会に浸透しつつあるという社会状況の変化は，これまでの限界を踏まえて労働と生活の不可分な関係を取り込んだ社会教育を展望するための好機として捉えられる。あるいは，社会教育が積極的に関与することで，ワークライフバランスの楽観性に隠された見通しの不透明さや危うさを排し，より人間らしい労働と生活のあり方を実現するものへと方向づけうるかもしれない。

このような大胆な展望を必要とするほどに，労働の残余とされてきた生活の場は貧しくなっている。地域の生活者として社会教育の中心にいた主婦たちの多くが労働市場に参入し，定年延長により高齢者も労働市場により長く留まるようになっている。無償の地域活動と有償のパート労働は比較対象となり，「誰もが働く社会」のなかで有償労働が積極的に選択されれば，地域社会の空洞化がさらに進むことは想像に難くない。換言すれば，労働外の地域社会を対象することで存在感を示してきた社会教育の強みは，男性を中心とした雇用労働者の不可視化と表裏にあったのであり，今日，「誰もが働く社会」に向かう中では社会教育の脆弱性として顕になりつつある。

もちろん，社会教育の現場では，地域住民をつなぎ，地域への関心を引き

出すための様々な実践が意欲的に行われており，それ自体重要であることは言うまでもない[24]。しかし，究極には，これは地域社会への関心喚起や参加促進だけでは対処できない問題である。いま問われているのは，「誰もが働く社会」への転換が進められる中で労働と生活をどのように再構築するのかということであり，そこに，社会教育がどのように持ち込まれうるのか，という点である。

(1) 労働中心の発想を克服する動きとの連帯

労働と生活の不可分な関係を捉え直し，そこからさらに，経済・労働中心の発想を克服して命や生活を包摂する社会へ転換しようという試みは，今日の社会科学における一大プロジェクトである[25]。そこでは，たとえば労働時間の残余を生活時間とするのではなく，労働時間に先んじて生活時間を確保するというパラダイム転換の必要が指摘されている[26]。労働時間に先んじて生活時間が確保される理由は，生活時間で営まれる家事やケア，市民活動や地域活動などの社会的活動が社会の基本を支える公共財として位置づけられるためであり，生活がそのような公共性をもつがゆえに「生活時間の確保は，職場のみの問題ではなく，家族や地域住民すべての人々を巻き込んだテーマとなる」[27]。この生活時間アプローチの発想は，「1997年に一般女性保護規定廃止によって失われた一日二時間の時間外労働の上限規制を，男女共通規制として取り戻そうという要求と同じ」であり，成人男性健常者基準で形成された労働中心の社会を克服する今日的な試みの一つである。

ワークライフバランスの議論では，命や生存に関わる睡眠・健康への関心や家事やケアを含む家族関係への関心は高いものの，余暇や社会的活動への関心は限定的で，それらのもつ公共性に着目する議論は弱い[28]。社会教育を含む社会的活動について，人生や生涯学習の観点から個人にとっての意義とその公共性をめぐる理論と実践を深めることは，ワークライフバランスに関する議論と実践の中で社会教育が独自に担いうる課題である。それは，労働の価値を相対化することであり，このことによって，社会教育は労働中心の発想を克服する他の学問領域の試みとつながることができる。

⑵　資源としての時間と社会教育

　このような労働と生活の再構築において，重要な論点の一つに資源としての時間がある。社会教育においても余暇への着目やその必要性は指摘されてきたし，その指摘は今日的にも重要である。しかし，資源としての時間は余暇の議論にとどまるものではない。たとえば，近年の貧困研究では経済面だけでなく「生活時間の貧困」に関する研究が蓄積されており，資源としての時間への着目は労働と生活の不可分な関係を捉えるための視角として有効である[29]。

　実際に，ワーク・ライフ・バランス政策は時間政策の側面をもつ。ドイツでは，時間外労働の時間精算原則を制度化した「労働時間口座」の定着や，人生対応型人事政策のもとで個々人の事情や希望に合わせて働く時間を職場で相談して設計する個人型労働時間モデルが広がっている[30]。働く人が働く時間をコントロールする「時間主権」の考え方は，ICTやテレワークの広がりの中で，いわゆる「つながらない権利」としてフランスで立法化されるなど，今日その重要性を増す。日本でも，情報産業労働組合連合会（情報労連）が『情報労連21世紀デザイン（第2版）』において，ワークライフバランス実現の上位に「時間主権の確立」を位置づけ，「企業内社会に費やされる労働時間を見直し」，「市民社会との協力や協働などに費やせる自由時間の創出を図ること」を目標に掲げている[31]。

　資源としての時間への着目は，時間的に分断されてきた労働と生活の関係を不可分なものとして改めて検討する方途として有効であろう。「時間主権」は，効率的なタイム・マネジメントによってワークライフバランスを実現するという発想に集約されない。社会教育では，労働の場だけでなく生活の場においても，労働と生活を創り出す主体の形成を展望する上で，「時間主権」の内実や実際を深めることが求められる[32]。

⑶　「誰もが働く社会」における社会教育の環境醸成

　「誰もが働く社会」とは，誰もが労働に人生を捧げる社会を意味しない。

それは，誰もが働きながら健康を維持し，誰かをケアし，暮らしを営み，趣味や社会的活動に参加し，多面的なつながりの中で豊かに生きる社会のはずである。したがって，社会教育においても，誰もが働き，誰もが社会教育を行うための社会的条件のアップデート，すなわち，公的社会教育による環境醸成についての今日的な議論が求められることになる。

これに関わって，学会年報『週休二日制・学校週五日制と社会教育』では，公的社会教育の行う環境醸成が施設の設置に偏っている状況に対し，環境醸成の一環として「社会教育行政も労働時間短縮との関わりを検討すべきである」ことが指摘されており，環境醸成の今日的意味を再考する上で示唆的である[33]。

今日的な環境醸成の実際は，様々に考えられる。たとえば，地域に常在する住民を担い手としてきた社会教育関係団体や地域団体は，働きながら活動に参加することを可能にするために，その活動内容や運営方法を変更する必要に迫られている。その一例は，主婦が中心となり，負担や強制としても時に語られてきたPTAの改革実践を先行として見い出すことができる[34]。社会教育関係団体や地域団体によるこのような改革実践を支援することは，いうまでもなく公的社会教育の任務である。

また，働きながら社会的活動を行うための条件整備として，行政による取り組みもある。たとえば，厚生労働省が2000年から取り組んだ「勤労者マルチライフ支援事業」は，経営者団体と社会福祉協議会の地域連携を図ることで，働きながら社会的活動に参画するための条件整備を図る事業であった。中央教育審議会答申「人口減少時代の新しい地域づくりに向けた社会教育の振興方策について」（2018年）では，「学びへの参加のきっかけづくりの推進」として，「地元の企業と連携し，社員のワークライフバランスの確保や，企業の地域貢献等の観点から社会教育活動への参加の奨励を働きかける」ことが例示されており，このような労働の場と生活の場を結んで実施される社会教育事業は，今後様々な方法で開発が待たれる領域である。

以上のように，社会教育における労働と生活の不可分な関係は，一人ひとりのワークライフバランス構築に向けた学習課題であると同時に，社会的活動への参加を可能にするための条件整備としても引き取られる必要がある。

労働と生活の分断状況をつなぎ，働きながらケアを担い，余暇や社会的活動に参加できる環境が醸成されていくことで，地域の中で労働をめぐる課題や葛藤が語られたり，命や生活を脅かす労働のあり方が問い直されたり，職場の中で生活をめぐる課題が共有されたりする契機が生まれる。労働と生活への個人的な対処を超えた共同的な学習実践の可能性は，そのようなゆるやかなつながりの中で拓かれるはずである。

【註】
1）山口一男『ワークライフバランス─実証と政策提言─』日本経済新聞出版社，2009年。
2）山口一男・樋口美雄編『論争日本のワーク・ライフ・バランス』日本経済新聞出版社，2008年。
3）「『仕事と生活の調和』推進サイト」内閣府男女共同参画局（http://wwwa.cao.go.jp/wlb/index.html，［2021年5月2日取得］）。
4）例として，「雇用類似の働き方に関する検討会報告書」厚生労働省，2018年。
5）政策上の課題を検討したものとして，たとえば「特集『一億総活躍社会』の現実を問う」『社会政策』社会政策学会編，第11巻第3号，ミネルヴァ書房，2020年3月。
6）例として，「2020年3月卒業予定者の採用・就職学生の傾向としては，学生も企業担当者等も「ワークライフバランスを重視する」が最多」『賃金事情』No.2085（2020年5月5日号），産労総合研究所。
7）例として，日本建設業連合会「Work Style Lab」（https://www.nikkenren.com/2days/workstylelab/，［2021年5月2日取得］），佐藤和順『保育者のワーク・ライフ・バランス』みらい社，2014年。
8）例として，佐藤博樹・武石恵美子編『ダイバーシティ経営と人材活用─多様な働き方を支援する企業の取り組み』東京大学出版会，2017年。
9）池谷美衣子「報告Ⅰワークライフバランスに関する社会教育の研究系譜と課題」『社会教育学研究』No.55，日本社会教育学会，2019年，pp.47-48.
10）池谷美衣子「『ポスト労働者教育』構想ノート」『月刊社会教育』2019年9月号，旬報社。
11）伊藤三次編『生活構造の変容と社会教育』東洋館出版社，1984年，p.2.
12）伊藤三次「生活構造の変容と社会教育行政の課題」，伊藤三次編『生活構造の変容と社会教育』東洋館出版社，1984年，p.8.

13) 日本社会教育学会編『週休二日制・学校週五日制と社会教育』東洋館出版社，1993年，p.2.

14) 江阪正巳「『週休二日制社会』と主婦—主婦論争における『仕事と家庭の両立』問題を手がかりに—」，日本社会教育学会編『週休二日制・学校週五日制と社会教育』東洋館出版社，1993年.

15) 末本誠「社会教育問題としての労働・余暇—『週休二日制社会』の構図—」，日本社会教育学会編『週休二日制・学校週五日制と社会教育』東洋館出版社，1993年，pp.28-29.

16) 上杉孝實「『週休二日制社会』と社会教育研究の課題」，日本社会教育学会編『週休二日制・学校週五日制と社会教育』東洋館出版社，1993年.

17) 末本誠，前出。

18) 室俊司編『現代家族と社会教育』東洋館出版社，1988年，p.2.

19) 島田修一「生活の新しい『社会化』を問う現代の家族問題」，室俊司編『現代家族と社会教育』東洋館出版社，1988年，p.65.

20) 荒井俊子「『家族』を学ぶこと—学習テーマ・内容の検討—」，室俊司編『現代家族と社会教育』東洋館出版社，1998年.

21) 編集委員会「序論　労働者教育の展望」，倉内史郎編『労働者教育の展望』東洋館出版社，1970年，p.1.

22) 朴木佳緒留「序　労働の場のエンパワメント」，日本社会教育学会編『労働の場のエンパワメント』東洋館出版社，2013年.

23) 大串隆吉「労働者の権利と社会教育」，日本社会教育学会編『現代的人権と社会教育の価値』東洋館出版社，2004年，p.159.

24) 例として，赤川泉美「公民館職員は何を学ぶべきかを問い続けて」『月刊社会教育』2020年9月号，旬報社。

25) 例として，辻村美代子・大沢真理編によるシリーズ「ジェンダー社会科学の可能性」（全4巻），岩波書店，2011年。

26) 朝倉むつ子「労働組合と女性の要求—『敵対』から『共存』へ—」，浅倉むつ子・萩原久美子・神尾真知子・井上久美枝・連合総合研究開発研究所編『労働運動を切り拓く—女性たちによる闘いの軌跡—』旬報社，2018年.

27) 朝倉むつ子，前出，p.42.

28) 猪狩眞弓「地域活動とワーク・ライフ・バランス」，連合総合生活開発研究所編『広がるワーク・ライフ・バランス』，2009年。ただし，ここでの対象は企業が行う社会参

加支援に限定されている。

29）例として，浦川邦夫「就労世代の生活時間の貧困に関する考察」社会政策学会編『社会政策』10巻 1 号，ミネルヴァ書房，2018年。

30）田中洋子（経済学）による紹介や分析がある。例として，田中洋子「個人に合わせた働き方が進むドイツ」『季刊・現代の理論』No.22，2020年3月。

31）情報産業労働組合連合会『情報労連21世紀デザイン（第二版）』（https://www.joho.or.jp/download/wpdmpro-5693，［2021年5月2日取得]）。

32）なお，柳父立一「時間主体性と週休二日制」（社会教育学会編『週休二日制・学校週五日制と社会教育』東洋館出版社，1993年）では，余暇を言い換えた造語として「時間主体性」が用いられる。しかし，そこでは権利に関わる発想はほとんど見出されない。

33）大串隆吉「余暇産業と社会教育の課題」，日本社会教育学会編『週休二日制・学校週五日制と社会教育』東洋館出版社，1993年，p.47.

34）例として，今関明子・福本靖『PTA のトリセツ』世論社，2019年。

家族をめぐる逃走線と
そのつなぎめとしての社会教育

冨永　貴公

1. 小論の問い

　家族は難しい。近代以降，家庭は私的な領域，つまりは，女性や子どもの場所，かつ，社会を構成する最小限の単位としてブラックボックスとされてきた。公的な領域が，そのブラックボックスから得られる成果のみに関心を払うことによって社会は安定し，個々は満足しているとの夢を描き出してきた。このような夢から覚めること，夢見て寝ている誰かを叩き起こすことは難しい。

　このような夢を神話だ，幻想だといい，それらが外部とつながり，つらなりながら（再）生産を遂行する構造であるとし，ブラックボックスの内部にある不払いで強制的で，女性が担うことが期待されてきた家事や育児，介護というケアを労働として捉え返したのがフェミニズムであったし，家族が閉じられた関係であるがゆえに生じる諸問題を問い直し，それらがまた，企業中心社会を共犯的に担うことを明らかにしてきた家族社会学の蓄積があった[1]。これらの知見によって，労働と（私）生活の分断を超えて，女性たちの運動と随伴しながら，見過ごされてきた生活者としての成人男性を私的な領域に引きずりこみ，公私の区分と双方のあいだにある階層性が暴き出されてきた。このことを受けて男女共同参画社会基本法が成立し，一般行政のなかに男女共同参画行政が位置づけられ，共働き世帯が半数を超える現況のな

かで，男女共同参画やワーク・ライフ・バランスを掲げる取り組みによっ
て，生活者としての男性，つまりは，労働としての家事や育児，介護を担う
男性とその問題が発見された。

　今日，公的，および，私的な二領域間の相関関係を捉え，双方に性別が固
定的に割り振られてきたことと，それぞれがときに支え合い，ときに裏切り
合うことで生じる諸問題を検討することに加えて，現在，標準を相対化する
のみならず，より積極的な価値を見出そうとする「家族のオルタナティブ」
への着目がある[2]。このような「家族のオルタナティブ」を含む家族の逃走
線は，つねに移り変わりながら，現行の家族の標準を裏切るとともに，その
なかから価値を漏れ出させ，引き継ぐ[3]。地域住民の実際生活と向き合う社
会教育の実践と理論は，血縁と性愛と生殖とがひと連なりになった家族の逃
走線をどのように捉えることができるだろうか。

　小論では，社会教育の研究と実践が，家族をめぐる逃走線を捉え，それに
よって家族を支え，裏切りながら，引き継ぐべきどのような価値を見出しう
るかを検討する。具体的にまず，これまでの家族をめぐる社会教育研究の蓄
積を整理し，それを踏まえ，ワーク・ライフ・バランスという政策理念をめ
ぐる課題を検討する。次に，家族をめぐる現在として，その複数の逃走線を
考察し，これらを受けて最後に，家族の逃走線を捉える社会教育研究の意義
を検討する。

2．社会教育における「新しい家庭」とジェンダー

　家族に関わる社会教育研究のまとまった成果は，1975年の国際婦人年，
1979年の女性に対するあらゆる形態の差別を撤廃する条約を背景として取り
組まれた宿題研究「婦人問題と社会教育」とそれを踏まえた年報『婦人問題
と社会教育』（1982年）に求めることができる。その巻頭において室俊司
は，「婦人問題の解決はたしかに婦人の働く権利の十全な行使を進めること
で展開されなければならない」が，「そのことは老若男女のすべての人びと
がともに人間らしく生きてゆく社会を創造することでなければならないので
あるから，職場における男女平等の実現だけでなく，新しい家庭と新しい地

域を，さらには，自由な想像力を伸ばして世界中の女性との連帯を創造していくことが求められる」とし，「婦人問題の解決にたいして社会教育が果たす役割は大きい」と述べた[4]。今日，問題の解決主体を女性に限定することはないし，職場の男女平等と家庭や地域における問題を切り分けることもない。「新しい家庭」の創造は，職場と家庭をとりむすびながら「すべての人びと」の課題となった。

　「新しい家庭」をめぐる社会教育研究のさらなる蓄積として，年報『現代家族と社会教育』（1988年）がある。同年報は「変貌する社会の中で，既存の家族・家庭像では捉えきれない家族の問題状況に対応して，どのような社会教育実践がなされてきたかを検討し，これらの実践を支える理論研究を通して，21世紀に向けての新たな家族の構築に資する社会教育の役割を明確にする必要に応えること」を旨とした宿題研究「現代家族と社会教育」の成果である[5]。そのなかで山本和代は，「現代家族はそれだけが切り取られて在るものではなく，好むと好まざるとにかかわらず，歴史を負いつつ，現代社会のひずみの中に在るのであって，それが家族の問題に収れんしているとみることができる。それだけ家族問題の解明は容易ではなく，克服の仕方にも多様性が求められる」とし，さらに「矛盾を矛盾として見すえ，同時に，現在からの未来への確かな展望をもちつつ，歴史をかけて築かれたものは，また歴史をかけて切りくずしていかなくてはならない」と述べた[6]。家族に生じる問題を社会のひずみの多様な顕現と捉え，そこから新たな家族と社会に向かう社会教育の責務が確認された。

　このような社会教育研究の蓄積のもと，本学会は年報『ジェンダーと社会教育』（2001年）を刊行した。この背景には，性差別の撤廃を目指す全国の女性たちの運動と，それに伴い，それを支えながら展開されてきた教育・学習とそれらにもとづいて成立した男女共同参画社会基本法，さらに各地方自治体における条例や行動計画の策定があった。これらを踏まえながら年報『ジェンダーと社会教育』は，ジェンダー概念に対する異なる立場を含みこみながら性差別の克服に向かう多様な道筋を描き出し，学習主体の性別を必ずしも限定しないことによって生と性に関わる教育・学習の領域を拡大して，社会教育の研究と実践全体を刷新する視点としてのジェンダーを示し

た。ジェンダー視点は，それまで個人的なこととされてきた生と性に関わる問題を集団的に捉え返し，それを社会に還す社会教育の価値を再確認したと言える。

3．ワーク・ライフ・バランス憲章と男女共同参画行政と社会教育行政

　年報『ジェンダーと社会教育』を含め，ジェンダー平等や男女共同参画社会の実現を目指す動きは，2000年代にはバックラッシュを経験した。それは「男女二分法のイデオロギー」や「同性愛者嫌悪」を中心とする「性（性別・性の多様性）をめぐる言説」と，「基本家族・標準家族」を設定する「家族・伝統をめぐる言説」から成る[7]。このようなバックラッシュは，2005年に閣議決定された第二次男女共同参画基本計画に関わるジェンダーという語の使用をめぐる議論のなかで，「ジェンダーフリー」用語の使用を不適切としたことなどをもって小康状態に入った。

　そもそも男女共同参画社会基本法は The Basic Law for a Gender Equal Society と訳されながらも，前文の一語を除いて Gender equal，ジェンダー平等という語は用いられていない。男女共同参画という用語には「二面性」，つまりは「ジェンダー平等の実現という目的面」と，「少子高齢化や経済の変化への対応のために必要という手段面」とがあり，とりわけ，後者，「何かのための男女共同参画」であること，つまりは，「手段の位置にとどまる限りにおいて受け入れられ，理解され」てきた[8]。何かのための「女性活躍推進」同様に，ジェンダー平等の実現という目的や価値は必ずしも共有されてきたのではなく，バックラッシュは，ジェンダー平等を何かの手段とすることと，ジェンダー平等それ自体が目的であることのせめぎ合いとして了解できる。

　このせめぎ合いを背景として2007年，ワーク・ライフ・バランスについての憲章が政労使の間で合意され，2010年の第三次男女共同参画基本計画にその基本的な考え方として位置づけられた。このことにより，全国の男女共同参画関連施設においてワーク・ライフ・バランスをテーマとする事業の量的

な拡大と定着があり，多様な課題を結びつけながら，とりわけ，「男性の男女共同参画意識の浸透」や「労働事情」を旨とする取り組みに厚みを生んだ[9]。これらの事業のなかで問い直され，具現化されてきた政策理念・用語としてのワーク・ライフ・バランスは，確かに，働き，生きることを変えてきた[10]。

　しかし，男女共同参画としてのワーク・ライフ・バランスはまた，ジェンダー平等という目的の強調を犠牲にしたせめぎ合いのすえの妥協，つまりは，ワーク・ライフ・バランスを目的としたジェンダー平等の手段化とも捉えられる。ワーク・ライフ・バランス憲章が策定されるまでの政策決定のプロセスのなかでは「男女共同参画の存在感は相対的に希薄」であり，欧州連合においてもジェンダー平等が不可視化され，ワーク・ライフ・バランスという語が選好された[11]。

　さらに，公的責任の所在を不明瞭にし，財政の公共的な性格を消滅させ，自己責任や個人主義を強調するようでいてその実，家族を責任単位とする新自由主義的な公と私の再編[12]は，ワーク・ライフ・バランスを私的な問題とし，その解決の責任を個人や家族に求めたとすることができる。ワーク・ライフ・バランスに関わる取り組みは，しばしば，ジェンダー平等の追求を後景に退けるのみならず，新自由主義的な公私の再編のもとでその責任を個人と家族に還す。このような新自由主義は，たとえば家族賃金に関わって，必ずしもバックラッシュ言説が強調した標準家族主義や異性愛主義とは完全に一致しない。このなかでワーク・ライフ・バランスとそれを旨とする取り組みは，新自由主義とバックラッシュ双方の受け皿となり，それは，すでにしてある労働と生活に関わる問題の個人による解決を迫るとともに，異性愛標準家族主義を強化する手段であるとも捉えられる。

　このような状況において，ワーク・ライフ・バランス憲章を受け，男女共同参画行政，および，社会教育行政で行われる"イクメン"講座や，仕事と家事や育児を両立するための"テクニック"を掲げる事業がある。これらはいずれも，異性愛標準家族主義と親和的であり得る。労働と生活で抱えられる諸問題が一旦は個人や家族に引き取られながらも，それらを社会に還す展望とともに，その社会に対して，異性愛標準家族主義を問い直すジェンダー

平等の実現という価値の追求が求められる。

４．異性愛標準家族に引かれる逃走線

(1)　性差別と異性愛主義双方の問い直しと二つの自由

　ジェンダー平等の実現に向かう異性愛標準家族主義の問い直しは，すでに
ある家族における生活のみならず，その形成としての婚姻の問い直しを含
み，単純ではない。たとえば，同性婚の実現を目指す運動は異性愛主義を糾
弾しながらも，ときに標準家族主義を補強することがあるし，歴史を遡って
も，かつての性差別撤廃を目指す動きが異性愛主義を伴ったし，さらに男性
同性愛者の権利要求には性差別が含まれた[13]。異性愛主義への批判と性差別
撤廃の希求が結びついて行われると想定はできない。

　これら性差別と異性愛主義それぞれの問い直しを結びつけることの困難に
加えて，双方の内部には家族やその形成としての婚姻をめぐる分断がある。
たとえば，婚姻や家族をめぐって立つ位置の違いは，性差別に対峙するフェ
ミニズム内部にも存在してきたし[14]，パートナーシップ制度，および，同性
婚によって「善き市民」として標準家族主義に包摂されるセクシュアル・マ
イノリティと，それに包摂されない，あるいは，それを拒否するセクシュア
ル・マイノリティとの分断がある[15]。このようなジェンダー平等を求めるセ
クシュアル・マイノリティ内部，および，フェミニズム内部の分断には，家
族をめぐって，権力によって保障される自由と，それを管理であるとする否
定を伴う，個人の多様性に基づいて守られる自由という，二つの道筋の違い
をみてとることができる。

　以下では，この二つの自由，つまりは，権力からの自由と権力による自
由，法制度や規範の外側を創りだすものと，法制度や規範のなかにあってそ
れらを鍛え直そうとするものに大別し，家族をめぐる複数の逃走線を整理す
る。

⑵　家族をめぐる逃走線のこれまでと現在

①婚姻から性愛と血縁，および，生殖を切り離し，外部を創り出す

　反婚／非婚主義と換言し得る権力からの自由には，婚姻から性愛か血縁か，あるいは双方ともを切断することによってジェンダー規範の外側を創り出してきた長い歴史がある。たとえば，それは，明治期に輸入された「恋愛」観念が近代的な自己の実現と結びつけられながら，性別にもとづいて分担される役割の遂行が重ねられた過程のなかで，真の自己を認めあえる関係としての「男同士の恋」，母親や女性に対する役割期待から離れた「女同士の恋」に見出すことができる[16]。

　また，婚姻のみならず，血縁や生殖からも性愛を切断したシモーヌ・ド・ボーヴォワールとジャン＝ポール・サルトルの関係や，海老坂武の「シングル・ライフ」がある[17]。これら個人の実存やライフスタイルの選択に関わって，伊田広行は，「シングル単位」を従来の家族主義を乗り越える制度や規範と日々の営為の関連から論じた[18]。

　さらに，婚姻に加えて，性愛を血縁，および，生殖から切り離した家族の逃走線として，子育ての共有化の実践が挙げられる。たとえばそれは，1970年代初頭の「東京こむうぬ」[19]，1990年代半ばの「沈没ハウス」[20]の日常のなかにあった。これらに加え，性愛にも血縁にも生殖にも由来させないことによって守られる「シングル」，それらが集うコレクティブ・ハウジングの価値もある[21]。婚姻の外側には，既存のジェンダー規範としての標準家族主義や異性愛主義を裏切り，他者との関係，子どもを含む第三者との関係を交えながら共同性を守り，そこに介入する権力を否定する自由な日々の営為がある。

②性愛と血縁，および，生殖から婚姻を鍛え直す

　権力による自由，すなわち，家族をめぐる法制度や規範のなかからそれらを鍛え直そうとするものとして，まず，同性間のパートナーシップに対する公的承認の追求がある。2015年，東京都の渋谷区と世田谷区におけるパートナーシップ制度を嚆矢として，両者のSOGIE，つまりはセクシュアル・オ

リエンテーション（Sexual Orientation，性的指向），ジェンダー・アイデンティティ（Gender Identity，性自認），および，ジェンダー・エクスプレッション（Gender Expression，性表現）を問わず，二人の結びに対する公的な承認としての自治体独自の条例や要綱がある。つまりこれらは，婚姻に対して，二者間の SOGIE に関わらない性愛を取り込もうとする。

　パートナーシップ制度の追求の内部については，その先に現行の法律婚，つまりは同性婚を設定するか否かに関わって違いが存在するが，その意義として，「聖別」されたこれまでの結婚を（再）定義するとともに，結婚ではないがゆえにこそ，パートナーシップを保障する制度の多様性と段階性をもたらすと捉えられる[22]。このような二者間のパートナーシップに対する制度による承認に加え，2021年1月には兵庫県明石市，同年2月には徳島県徳島市，4月には東京都足立区で導入されたファミリーシップ制度は，未成年の子どもを含めて申請することができる仕組みである。これは同性間の性愛のみならず，そこに血縁や生殖を取り込もうとするものである。

　そもそも，家族の逃走線としての婚姻の鍛え直しは，ファミリーシップ制度をまたずとも養子縁組や里親制度を通じた関係のなかにも存在した。また，性愛も血縁も生殖も切り離し，ただ婚姻によって得られるもののみを追求することで家族をめぐるジェンダー規範を裏切ることもできる。婚姻の内側に性愛や血縁や生殖を取り込みながら，あるいは，切り離し，異性愛標準家族主義を裏切る豊かな日々の営為がある。

　性愛と血縁，生殖に関わるこのような二つの自由の希求は，婚姻の外側と内側にあるという違い以上に，異性愛標準家族主義を裏切るという連続性がある。むしろ，これらを婚姻制度の内外で峻別することのなかには，SOGIE を問わず，従来，異性愛者のみに許されてきた結婚を誰しもが求めているのだとみなし，婚姻の内部における多様性保障の要求を部分的に承認し，婚姻の外部を異端化することによって，家族をめぐるジェンダー規範を安定させようとするポリティクスがある。婚姻の内外を設定するのは畢竟，それ自体，異端と特例によってようやく成立しえるぐらいに不安定な異性愛標準家族主義である。

5. 家族の逃走線を捉える社会教育の意義

　家族に関わる社会教育研究はこれまで,「新しい家庭」という「すべての
人々」の課題であること,それはまた,一見,個人的な事柄に見えながらも
「社会のひずみ」の多様な顕現であり,その解決は,個人的なことを社会に
還す社会教育の責務であるとしてきた。このような社会教育の価値と責務,
さらにジェンダー平等を追求する社会教育の役割からすれば,ワーク・ライ
フ・バランスをめぐる取り組みが,しばしば個人や家族に責任を求め,か
つ,異性愛標準家族主義を強化してしまうことは認められない。このこと
は,複数に引かれ続けてきた家族の逃走線に対して,社会教育がどのような
意義を持ち得るのかを問う。

(1) 複数の家族を「生きづらさ」でつなぐ

　まず第一に,「すべての人々」の課題である「新しい家庭」の内実に関
わって,社会教育は,それらをつなぐ学習機会を提供し得ることである。多
様で複数の逃走線のもとで,家族はつかもうとしてもつかみきれず,一旦つ
かんだかのようにみえても,すでに手の中にはないほどの変化のなかにあ
る。そのつかみ難さは,家族そのものの変化のみならず,それを意味づける
社会の変化が並行しているためである。したがって,家族とは何か,という
問いはそれほどの意味を持たない。"本当の"家族や"正しい"家族は存在
しない。
　このようであれば,社会教育の場における「新しい家庭」に関わる学習
は,性愛と血縁と生殖に縛られてきた家族のこれまでを相対化する複数の逃
走線としての「新しい家庭」が実は,標準家族の形成と維持のなかで経験さ
れる生きづらさと通底し,それらを集団的につなげるなかで展開されるはず
である。たとえば,男性同性愛者二人の関係のなかでは,「男性」であれば
稼ぐべきだという価値観や生活費を同等に負担できないことの「引け目」が
ある一方で,「男性」であれば家事を担うべきだとの規範がないために家事

の外部化が進みやすく，かつ，「ロールモデル」が不在であるために何事にも両者の交渉が求められる[23]。このことは，女性や男性，母親や父親に対する役割期待が規範としてある異性愛者間の関係のなかでは，交渉が成立しづらいことの気づきをもたらす。家族をめぐる逃走線が映し出す「新しい家庭」の"新しさ"は，異性愛標準家族において経験される生きづらさであり得る。

　このような違いは，日々の営為が学習の場で共有されることによって見出される。そのもとで成立する学習のなかでは，何かを規範としながら他者との関係を築いているのではないか，そもそもなぜに規範が必要なのかが問い直される[24]。異質な人々が出会う社会教育の場であるからこそ，そのような学習は成立する。

⑵　交差的な「社会のひずみ」を引き受ける

　このことに関わって，第二に，「新しい家庭」に関わる学習の場に「すべての人々」が持ち込む日々の営為とそこにおける生きづらさが「社会のひずみ」と連なることに，社会教育では理解が及ぶことである。その理解は，学習者個々の複数のアイデンティティが持ち込まれるインターセクショナル，つまりは，交差的な学習を可能にする[25]。地域住民は地域に住んでいるというアイデンティティのみならず，ジェンダー，セクシュアリティ，階層，障がい，人種，民族，宗教といった複数のアイデンティティをもち，それらにもとづく抑圧を経験してきた。しばしば家族がそのような交差的に経験される抑圧を閉じ込めることによって，「社会のひずみ」が隠されてきた。社会教育は，このような交差的な「社会のひずみ」を引き受け，それを紐解きながら顕現させ，社会へとその責を還す。

　その際，たとえば，家族や婚姻のあり方そのものの問い直しを含むかもしれない。エリザベス・ブレイクは，「中心的な，一対一の，排他的で，継続的な関係」に正しさを付与する従来の婚姻制度に対して，そのような関係のみならず，同性間，複数の関係，友人関係といった成人間のケア関係，つまりは，「自分に関して深い知識を持った自分自身のことを価値ある存在とし

て受容してくれる他者との関わり」を等しく承認することで，「結婚に課せられた制約を大幅にそぎ落とす」「最小結婚」を提起する[26]。このような「最小結婚」は，すでに述べた二つの自由における後者，すなわち，法制度や規範のなかにあってそれらを鍛え直そうとするものである。ケアという関係をどのように捉え，そこに対する公権力の（不）干渉のありようを問う学習は，交差的な「社会のひずみ」を引き受ける社会教育のもとでこそ可能である。

(3) 家族をめぐる価値を引き継ぎ，公共性を拓く

　家族形成としての婚姻にかかる制限を最小にする「最小結婚」がもとづくケア関係の保障について，成人間の関係に限定せずに家族内の諸関係に拡大して捉えれば，イエスタ・エスピン＝アンデルセンは，「潜在的なケア責任が手に負える範囲のものであるときに，世代間の絆はより強く濃密にもなる傾向」があり，標準家族主義こそが家族形成の「敵」であって，「まずもって親になることに対する障害である」と述べている[27]。逆説的に，ケアの脱標準家族化によって，家族内におけるケア関係は形成されることから，家族からの逃走線が漏れ出させ，引き継ぐ価値としてのケアは，脱異性愛標準家族化を求める。

　しかしながら，このようなケアの脱家族化，すなわち，誰かが担わざるを得ないケア労働の外部化はまた，その担い手を当該社会の構成員とみなさないという排除と差別を呼び起こすことがあることへの留意は必要である[28]。女性に割り振られてきた家事や育児，看護や介護を外国人労働に頼ろうとしている現況からして，ケアの脱家族化はともすれば，ケア労働に対する蔑視を伴いながら新たな公私の二分を生み，外部化されたケアをブラックボックスにする可能性がある。

　このように幾重にも重ねられる問いと“しかし”がまた，家族をさらに難しくする。家族の逃走線をめぐる学び合い，インターセクショナルな学びとして構想されるケア関係保障に関わる学びを可能にする社会教育は，公共性を拓くつなぎめとしての役割を担い得る。異性愛標準家族主義からの逃走線

が多様に複数，引き続けられるためには，福祉や医療，男女共同参画などの一般行政，さらには NPO など市民による取り組みも求められる。それらと結びつけられることを通して，家族をめぐる個人の経験を集団的に社会に還す社会教育の価値もまた，不断に再確認され続ける。家族に関わる生きづらさから新たな価値を創造するつなぎめとして，社会教育の果たす役割は大きい。

【註】

1）たとえば，上野千鶴子『家父長制と資本制：マルクス主義とフェミニズムの地平』（岩波現代文庫，2009年）や木本喜美子『家族・ジェンダー・企業社会：ジェンダー・アプローチの模索』（ミネルヴァ書房，1995年）など。

2）牟田和恵編『家族を超える社会学：新たな生の基盤を求めて』（新曜社，2009年）や久保田裕之「共同生活と集合的意志決定：『家族の政治学』に向けて」田村哲樹編『日常生活と政治：国家中心的政治像の再検討』（岩波書店，2019年）など。

3）「逃げる」に加えて，「漏れ出す」という意味をもつフランス語の「逃走」について，ドゥルーズとガタリは，それは現実であり，かつ，その現実を変容させるものとし（ジル・ドゥルーズ／フェリックス・ガタリ『千のプラトー：資本主義と分裂症（上・中・下）』〔宇野邦一・小沢秋広・田中敏彦・豊崎光一・宮林寛・森中高明訳，河出文庫，2010年，上27頁〕，さらに，そのような逃走線について，「一種の突然変異，あるいは一種の創造であり，想像においてではなく社会的現実の組織体において引かれる」とする（同前，中139頁）。

4）室俊司「生涯学習論と婦人問題」室俊司編『婦人問題と社会教育（日本の社会教育 第26集）』東洋館出版社，1982年，11頁。

5）日本社会教育学会編『現代家族と社会教育（日本の社会教育 第32集）』東洋館出版社，1988年，2頁。

6）山本和代「現代家族と社会教育の研究視点：家族問題学習との関連で」日本社会教育学会編『現代家族と社会教育（日本の社会教育 第32集）』東洋館出版社，1988年，15頁。

7）石橋『ジェンダー・バックラッシュとは何だったのか：史的総括と未来へ向けて』インパクト出版会，2016年。

8）内藤和美「目的か手段か？：ジェンダー政策課題は，いかに設定されてきたのか」『女たちの21世紀』No.96，2018年，12頁。

9 ）冨永貴公・池谷美衣子「男女共同参画関連施設の啓発事業を『教育化』する意義」
　　『都留文科大学研究紀要』85巻，2017年，133-137頁。

10）池谷美衣子・井口啓太郎・冨永貴公「社会教育における『労働と生活』の問題構成：
　　公民館講座『ワーク・ライフ・バランスの生き方デザイン』受講者の記述から」『浜松
　　学院大学研究論集』12号，2016年。

11）萩原久美子「ジェンダー視角からの『ワーク・ライフ・バランス』政策（2003～2007
　　年）の検討」『女性労働研究』第53号，2009年。

12）千田有紀「新自由主義の文法」『思想』1033巻，2010年，179-184頁。

13）異性愛主義の問い直しと性差別のそれの緊張関係については，風間孝／キース・ヴィ
　　ンセント／河口和也編『実践するセクシュアリティ：同性愛・異性愛の政治学』（動く
　　ゲイとレズビアンの会［アカー］，1998年）を参照のこと。

14）江原由美子「フェミニズムと家族」『社会学評論』64（4），2013年。

15）青山薫「『愛こそすべて』：同性婚／パートナーシップ制度と『善き市民』の拡大」
　　『ジェンダー史学』第12号，2016年，28-29頁。また，パートナーシップ制度の意義と課
　　題については，冨永貴公「パートナーシップ制度をめぐる『もう一つの声』にいかに応
　　えるか」『社会福祉研究』（公益財団法人鉄道弘済会）第141号，2021年。

16）田中亜以子『男たち／女たちの恋愛：近代日本の「自己」とジェンダー』勁草書房，
　　2019年。また，このような性愛や血縁，および，生殖の婚姻からの切り離しは，『青鞜』
　　に集った「新しい女」，たとえば，平塚らいてうとその奥村博史やその子どもたちとの
　　関係，『青鞜』の編集権を引き継いだ伊藤野枝とその大杉栄とその子どもたちとの関係
　　のなかにも見出される。

17）海老坂武『シングル・ライフ：女と男の解放学』中央公論社，1986年。

18）伊田広行『シングル単位の社会論：ジェンダー・フリーな社会へ』（世界思想社，
　　1998年），および，同『シングル単位の恋愛・家族論：ジェンダー・フリーな関係へ』
　　（世界思想社，1998年）。

19）西村光子『女たちの共同体：70年代ウーマンリブを再読する』社会評論社，2006年，
　　98-124頁。

20）加納土『沈没家族：子育て無限大。』筑摩書房，2020年。

21）椎野若菜編『シングルのつなぐ縁：シングルの人類学2』人文書院，2014年。

22）久保田裕之「パートナーシップの多様性と段階制」『都市社会研究』第10号，2018年。

23）神谷悠介『ゲイカップルのワークライフバランス：同性愛者のパートナー関係・親密
　　性・生活』新曜社，2017年。

24）さらなる実践の蓄積を要するが，たとえば，堀川修平・冨永貴公「パートナーシップを鍛える性の多様性教育実践の視点：同性間のパートナーシップ制度をもつ自治体の社会教育・生涯学習政策の検討から」（『都留文科大学研究紀要』第89集，2019年）。

25）藤高和輝「インターセクショナル・フェミニズムから／へ」『現代思想』48（4），2020年。

26）エリザベス・ブレイク『最小の結婚：結婚をめぐる法と道徳』久保田裕之監訳，白澤社，2019年。

27）イエスタ・エスピン＝アンデルセン『平等と効率の福祉革命：新しい女性の役割』大沢真理監訳，岩波書店，2011年。

28）岡野八代「ケアの倫理は，現代の政治的規範たりうるか？：ジョアン・トロントのケア論を中心に」『思想』No.1152，2020年。

依存の標準化と自由時間文化の創造

—障害者とその母親の「労働と生活」からの考察—

丸山　啓史

はじめに

　日本の政策において「ワーク・ライフ・バランス」が語られるとき，主に想定されているのは，大きな病気を抱えていない人，障害のない人ではないだろうか。「働き方改革」や「介護離職ゼロ」は，正規雇用で働く男性を特に意識したものではないだろうか。「女性活躍」も，管理職の女性割合が注目されることにも表れているように，正規雇用で働く女性に強い関心を向けるものである。

　障害者は，「例外」とみなされているのかもしれない。また，家庭で子どものケアを担う人，非正規雇用で働く人なども，場合によっては「例外」に位置づけられるのかもしれない。「労働と生活」をめぐる議論においても，障害をもたず，家族のケアを担わず，正規雇用で働く男性，自立度・自律度が高いとされるような人[1]が，「標準」として想定される傾向がある。

　しかし，実際には，その「標準」から外れる人のほうが多い。マーサ・ファインマンは，子どもであること，高齢であること，障害があることなどにともなう依存を，「避けられない依存」ととらえた。そして，依存しなくてはならない人のケアの責任を果たすときに起こる依存を，「二次的な依存」と呼んだ[2]。「避けられない依存」に加えて「二次的な依存」を視野に入れて考えると，多かれ少なかれ依存の状態を抱えている人は，「例外」ではな

く，むしろ「標準」ではないだろうか。

　本稿では，そのような問題意識のもと，依存の状態にある人の権利保障の観点から，「労働と生活」をめぐる問題を考えたい。より具体的に言うと，障害者[3]の「労働と生活」，障害のある子どもをもつ母親[4]の「労働と生活」に着目し，そこから浮かび上がる課題を論じる。本稿は，「労働と生活」に関する「標準」を問い直し，そのうえで社会教育の役割を考えるものである。

1．障害者の労働と生活

(1)　障害者の労働権の保障

　政策的に推進される「ワーク・ライフ・バランス」のもとでは，長時間労働が問題にされる。もちろん，労働時間の短縮は重要である。しかし，そもそも労働の領域から排除されてきた人がいることを忘れるべきではない。

　障害者の雇用についてみると，1960年に身体障害者雇用促進法が成立したものの，知的障害者が法定雇用率の算定基礎の対象になったのは1998年であり，精神障害者が対象になったのは2018年である。障害者雇用促進法の基本的な仕組みさえ，近年に至るまで整えられていなかった。しかも，法律で定められた雇用率は，全体としては実際に達成されたことがない。それどころか，2018年には，国の省庁における雇用障害者数の「水増し」が発覚した。また，就労している障害者の雇用形態をみると，非正規雇用で働く人が多い[5]。

　また，相対的に障害が重いとされる人は，戦後の日本社会においても，労働の場を保障されないまま「在宅」を強いられることが少なくなかった。1970年頃から共同作業所づくり運動が広がり，障害者が働く事業所・施設が全国各地に数多く存在するようになったものの，事業所・施設の運営は概して困難な状況にあるし，多くの障害者が雇用による労働からは排除され続けている。そして，福祉的就労における「工賃」は，極めて低い水準にある[6]。

　ただし，ここで確認しておかなければならないのは，障害者の労働権の保

障は，働いて収入を得るという経済的側面だけで考えられてきたわけではない，ということである。菅井真・藤井克徳は，共同作業所の実践に関して，「障害が重いからといって奪われてきた働く権利と，働くことを通して獲得される発達する権利という，二重の意味での権利保障の実現こそ，私たちの実践のポイントともいえるのです」と述べている[7]。共同作業所づくり運動のなかでは，人間の発達に結びつくものとして労働がとらえられ，「労働を通した発達」が追求されてきた。また，仲間や集団の存在が重視され，労働の場における人間どうしの関係やコミュニケーションの意義が考えられてきた。労働の場において学習や文化活動が展開されることもあった[8]。

　経済的な収入だけでなく，人間の発達や生活の豊かさに関わることとして，障害者の労働権の保障が追求されてきたのである。

⑵　障害者の余暇をめぐる課題

　労働権の保障は重要であるが，労働権の保障だけで生活の全体が豊かなものになるわけではない。障害者の生活に関しては，余暇の充実も課題とされてきた。

　知的障害者の余暇については，全日本手をつなぐ育成会のもとで2000年代前半に実施された実態調査において，「テレビ・ビデオの視聴やパソコン・ゲームが余暇時間の多くを占めている」こと，「余暇内容の充実・多様化による余暇選択の幅を広げること」や「余暇の幅を広げるような支援」が必要と考えられるような状況にあることが把握されている[9]。そして，同様のことは，その後の複数の調査によっても示されてきた[10]。知的障害が相対的に軽いとされる人であっても，幅広い余暇活動を経験しているとは限らない。

　また，知的障害者が余暇の時間を家族とともに過ごす傾向にあることも，複数の調査によって明らかにされてきた[11]。家族と余暇を過ごすこと自体に問題があるわけではないが，余暇についての家族依存が社会的に生み出されていることは問題である。知的障害者の余暇に家族が深く関与しなければならない状況においては，家族の事情・都合によって知的障害者の余暇が制約を受けることになりやすい。また，知的障害のある本人が求める余暇と家族

が本人に望む余暇とは必ずしも同じではないため，本人にとっての余暇の充実が妨げられる可能性がある。

労働に拘束されない時間が十分にあったとしても，そのことで余暇が充実するとは限らない。短い労働時間は，それ自体では，生活の充実を意味しない。「ワーク」との間で時間的な「バランス」をとるだけでは，豊かな「ライフ」は実現しないのである。「避けられない依存」の状態にある人については特に，余暇のための環境整備が求められよう。

2．障害のある子どもをもつ母親の労働と生活

⑴　障害のある子どもをもつ母親の労働権の保障

ファインマンは，「避けられない依存」に比べて「二次的な依存」が見落とされやすいことを指摘している[12]。実際に，日本においても，障害者の労働権の保障が社会的な課題とされてきた一方で，障害のある子どもをもつ母親の労働権の保障は十分に注目されてこなかった。

しかし，障害のある子どものケアを母親が担うことは，母親の労働に影響を与える。子どもが定期的な通院や頻繁な入院を必要とする場合や，子どもの乳幼児期に母子通園（親子通園）が求められる場合には，母親の就労が困難になりがちである。子どもの就学後も，学校への子どもの送迎を保護者が行わなければならないこともある。放課後や夏休み等に子どもをケアする社会資源がなければ，母親の就労が制約されやすい。PTA や「親の会」への参加が母親の負担になることもある。また，「子ども」が学校を卒業した後も，夕方等に「子ども」のケアが必要になる場合には，母親の就労が妨げられるかもしれない。

そして，母親の就労が制約されることは，母親が一人の人間として社会参加することを阻害するとともに，家庭に経済的な不利をもたらす。田中智子は，家計がシングルインカムによって支えられていることを，障害児者の家族が貧困に陥る要因として挙げている[13]。また，江尻桂子は，日本の国外の研究を総覧し，障害児の母親の就労の制約が家庭の経済状況に負の影響を与

え得るという知見を示している[14]。

　一方で，障害のある子どもをもつ母親が就労することは，家庭の経済的な収入を支えるだけでなく，母親のストレスの軽減にもつながり得る[15]。就労することで母親が社会的な人間関係を広げていることもあり，母親が仕事に「楽しさ」「やりがい」「生きがい」などを感じていることもある。就労することは，「母親」としてではなく「一人の人間」として社会参加することにもつながる。

　障害のある子どもをもつ母親の労働権の保障は，重要な課題として考えられなければならない。一般的な「母親の就労」については多くの議論がなされているが，特に強い「二次的な依存」を抱える人への着目も求められよう。

(2)　障害のある子どもをもつ母親の余暇をめぐる課題

　障害のある子どもをもつ母親についても，「労働と生活」を考えようとするならば，労働権の保障だけに注目することはできない。障害者の余暇を考えることが求められるのと同様に，母親の余暇に目を向ける必要がある。

　斎藤真緒らは，「ワーク・ライフ・ケア・バランス」という視点を提示し，「介護者の『ライフ』を『ケア』のみに還元してしまわない」ことの必要性を指摘している[16]。「二次的な依存」を抱える人については，生活のなかでケアの占める部分が大きくなることがあるため，ケアとの関係に留意しながら，とりわけ意識的に余暇を考えなければならない。

　濱島淑惠は，就労しながら高齢者の介護・世話を行う家族介護者に対するインタビュー調査から，家族介護者による「生活運営」について，「自由時間」や「趣味・友人付き合い」の削減・縮小がみられることを示している[17]。同じようなことは，障害のある子どもをもつ母親にも起こっていると考えられよう。

　実際に，田中智子は，知的障害者家族を対象とする家計調査を行い，「障害者への優先的支出配分を行うことで，本人よりも先に家族，特に親に貧困が経験されている」ことにも触れつつ，「日常生活において諦めた経験」として最も多かったのが「家族（回答者）の趣味」であることを示してい

る[18]。子どものケアが優先されるなかで，母親の余暇が制約されるのである。

　そうした実態の背景にあるのは，子どもをケアすることで母親の自由時間が縮小するという直接的な理由だけではない。遠藤理恵・平田道憲は，「障害のある学齢期の子どもをもつ主養育者の余暇生活」に関する調査を行い，「本調査対象者の語りの中においては，主養育者の余暇や趣味を肯定する姿勢は全く見られなかった」として，「個人的で趣味的な余暇を楽しむ姿を第三者に見せることは半ば無意識的に禁忌行為と感じられている様子であった」と述べている[19]。子どものケアを母親に求める社会的な規範によっても，母親の余暇活動が抑制されていると考えられる。

　障害のある子どもをもつ母親の余暇の充実のためには，時間の面でも規範の面でも，母親が子どものケアから解放されていく必要がある。

3．労働をめぐる「標準」と「例外」の逆転

(1)　労働の質の「標準」と「例外」

　依存の状態にある人の労働権の保障に関しては，現状において「標準」とされる労働のあり方の問い直しが求められよう。

　障害者の労働についても，共同作業所づくり運動のなかでは，「仕事に障害者を合わせるのではなく，障害者に仕事を合わせる」ということが言われてきた[20]。一般的な「標準」を固定的なものとせず，作業工程を分解したり，道具を工夫したりすることがされてきた。また，労働の目的意識性が重んじられ，障害者が作業の意味を理解できるようにすることや，労働の成果を手応えとして感じられるようにすることなどが大切にされた。そして，労働の場において人との関係やコミュニケーションが広がることにも関心が向けられてきた。

　こうしたことは，「障害者が仕事を遂行できるようにする」ことだけを意味するものではない。障害者が単純作業を黙々とこなすことに価値が置かれてきたわけではない。労働の目的意識性は，障害者が労働の「やりがい」を感じることに結びつく。また，人との関係やコミュニケーションは，労働の

「楽しさ」の土台になると考えられる。そして，労働の「やりがい」や「楽しさ」は，「労働生活の質（Quality of Working Life）」の向上につながる。人間の発達に適合的なものになるよう労働を組織すること，「労働生活の質」を豊かにすることが，「障害者に仕事を合わせる」の意味するところだといえよう。

　ただし，近年においては，福祉的就労の領域においても，平均工賃に応じて事業所の収入が決まるような仕組みへの制度改変がなされ，生産性・効率性の追求が助長されている。また，特別支援学校高等部においては，企業等での一般就労をめざす動きが強まるなかで，長時間の作業活動や長期間の職場実習などが行われており，就労のための具体的スキルの獲得ばかりが重視される傾向がみられる。「標準」とされる労働のあり方への適応を障害者に迫るような状況があるといえよう。

　そうしたなかで，改めて労働のあり方を問う必要がある。労働のなかで生産性・効率性が優先されるのが「標準」であって，人間の発達や「労働生活の質」が重視されるのが「例外」であるとするならば，「標準」と「例外」の逆転こそが求められるのではないだろうか。障害者の労働をめぐる議論と実践の蓄積は，そうした問いを提示するものである。

(2) 労働の量の「標準」と「例外」

　労働時間についても，現在の「標準」を固定的なものとして考えるべきではない。「二次的な依存」の状態にある人の労働権の保障については，長時間労働が困難であるような事情を「例外」とみなすことの妥当性が問われなければならない。

　もちろん，障害のある子どもをもつ母親など，「二次的な依存」の状態にある人の労働権の保障にとって，「例外」とみなされるような事情への配慮・対応が職場でなされることは必要である。育児休業や介護休業などの役割は大きい。看護休暇や介護休暇，時間外労働の制限，短時間勤務制度なども，重要なものである。

　しかし，長時間労働が「標準」とされたまま，「例外」としての配慮・対

応だけがなされると，「二次的な依存」の状態にある人の労働に困難が生じる。「二次的な依存」に関わっての配慮・対応として仕事の内容が制限されると，昇給や昇進だけでなく「やりがい」が損なわれる可能性もある[21]。同僚の負担が大きい職場においては，「例外」としての配慮・対応を受ける人が引け目を感じてしまうこともある。

　濱口桂一郎も，労働時間規制の空洞化を放置したまま「労働時間の柔軟性」だけを拡張させようとすることの問題性を指摘している[22]。そして，「無制限に働ける男性を前提にしたノーマルトラックをそのままにして，例外としてのマミートラックでしのごうという対応」を批判し，「子供を抱えて働く女性が例外ではなくむしろ通常の存在であるような時代になればなるほど，そういう（中略）通常の労働者が無理なくたどれる道筋がノーマルトラックでなければならない」と述べている[23]。

　また，田中弘美は，「男性稼ぎ主モデル」に代わる「稼得とケアの調和モデル」を論じるなかで，その概念の中心には「現在の女性のライフパターンを皆にとっての規範にする」という考え方があるとして[24]，「女性のライフパターンが男性に近づくのではなく，男性のライフパターンを女性に近づけるという実践戦略」を重視している[25]。

　長時間労働が「標準」として存在することが大きな問題なのである。その「標準」への適応を迫られると，子どものケアについての社会的支援があったとしても，障害のある子どもをもつ母親の就労は困難なものになる。「二次的な依存」の状態にある人に合った働き方を「標準」にしていくことが必要であろう。労働時間についても，「標準」と「例外」の逆転が求められよう。

　そのように考えると，1日あたり8時間を超える労働が「標準」とされることはもちろん，8時間の労働を「標準」とすることも，批判的に問い直さなければならない。「二次的な依存」の状態にある人の「労働と生活」にとって，8時間労働は必ずしも適合的なものではない。1日に8時間の労働をしながら，近しい人をケアし，さらに社会教育に参加するといったことは，おそらく大きな困難をともなう。「二次的な依存」の状態にある人を「標準」として考えるならば，8時間よりも大幅に短い労働時間を「標準」

にしていく必要があるのではないだろうか[26]。

4．豊かな生活のための自由時間文化の創造

　労働時間の短縮が不可欠である。ただし，労働時間が短くなっても，それだけで余暇が充実するわけではない。「二次的な依存」の状態にある人にとっては，ケアの社会化を通して，ケアからの自由が保障されなければならない。常にケアを優先することを強いるような規範の解消も，社会教育が向き合うべき課題であろう。

　しかし，労働やケアから自由な時間が確保されても，そのことが豊かな自由時間に直結するとは限らない。社会的支援がなければ，余暇活動の幅が大きく制約される可能性がある。また，商業的な余暇活動が主流をなす社会においては，金銭を費やす消費的な活動ばかりに余暇活動が誘導されたり，経済的理由によって余暇活動が制限されたりするかもしれない。余暇を豊かなものにするような自由時間文化を社会的に創造していくことが求められるのであり，そのための社会教育が考えられなければならない。

　障害者の余暇を考えても，余暇活動につながる社会資源の拡充が必要である。「日常的に通い余暇を過ごす場」「週に1回から月に数回くらいの頻度で集まり，余暇活動を展開する場」「非定期的に立ち寄れる『たまり場』のような場」など，多様なものが地域に形成されていくことが望まれる[27]。

　そして，余暇活動の場の形成のためには，制度的な基盤の整備が重要になる。学校に通う障害のある子どもの放課後・休日については，2012年に放課後等デイサービスの制度が発足し，さまざまな課題を抱えながらも，全国的に放課後等デイサービス事業所が急増してきた。学校卒業後についても，障害者の余暇活動のための制度が確立されるべきであろう。

　実践の創造も，同時に求められる。どのような余暇活動が障害者の生活の充実につながるのか，そのために支援者はどのような役割を果たすべきなのか，探究が進められなければならない。制度的に教育の領域に区分されるような活動だけでなく，制度的には福祉の領域に区分されるような活動にも，社会教育の観点から目を向けていく必要がある。

このようなことは，もちろん，障害者の余暇に限ったことではない。一般的にも，豊かな自由時間を支えるための環境整備が公的になされなければならない。また，商業的な余暇活動にとどまらない自由時間文化を育んでいくような主体的な社会教育実践が欠かせない。

　なお，そうしたことについては，依存の状態にある人を「標準」として考える視点も重要であろう。社会教育に関しても，障害者のための場の形成と合わせて，障害者も参加しやすい開かれた場の創造が追求されなければならない。また，「二次的な依存」を抱えた人が参加しやすい文化活動・学習のあり方を探ることも課題である。

おわりに

　労働時間の短縮や自由時間文化の創造は，依存の状態にある人の権利保障にとって重要なことであるとともに，すべての人の権利保障のために求められることでもある。そして，同時に，それらのことは，環境危機に直面する現代社会において特別の意味をもっている。

　米国における「働きすぎ」や「浪費」を問題にしてきたジュリエット・ショアーは，労働・生産・消費の循環が「人間の生息場所を回復不可能な状況に追い込んでしまう」と述べていた[28]。そして，労働時間の短縮を求めながら，「『余暇の商品化』を逆転させる意識的な努力をしなければならない」として，「政府と地域社会が，芸術活動から成人向けの教育活動の場までもっと気軽に利用できる余暇活動を支援する必要があろう」と指摘していた[29]。

　また，ナオミ・クラインは，気候変動に立ち向かうための「グリーン・ニューディール」を論じるなかで，「果てしない消費サイクル以外の面で喜びを見いだすための移行」に言及し，「公的資金に支えられた芸術や都市部でのレクリエーション，または新たな自然保護区で自然を楽しむこと」などを重視している。そして，「週労働時間を短縮し，人々がこのようなレクリエーションを楽しむ時間を持つことを可能にすること」の必要性を指摘し，「そうすることで彼らは，ファストフードや，つまらない気晴らしでその場

しのぎの回復を必要とする，過労状況に追い込まれることがなくなる」と述べている[30]。

　私たちの「労働と生活」の変革は，人間の社会や地球の生き物の命運を左右する。依存の状態にある人を「標準」とし，すべての人の権利保障をめざす社会教育は，持続可能な社会の構築に大きく寄与する可能性をもっている。

【註】

1）キテイは，「自律的な個人というのは，そもそも常に，依存者の問題を他者に押しつけることのできる特権を持った男性が創りあげた虚構である」と述べている。エヴァ・フェダー・キテイ『愛の労働あるいは依存とケアの正義論』岡野八代・牟田和恵監訳，白澤社，2010年，p.56.

2）マーサ・A・ファインマン『ケアの絆—自律神話を超えて』穐田信子・速水葉子訳，岩波書店，2009年，pp.28-31.

3）本稿では，知的障害者のことを主に考える。

4）障害児者のケアを主に母親が担うことが多い現状をふまえ，父親ではなく母親をめぐる問題に着目する。しかし，そうした現状を是認するものではない。

5）厚生労働省の「平成30年度障害者雇用実態調査結果」を参照。

6）厚生労働省の資料によると，2019年度における就労継続支援B型事業所の平均工賃は月額1万6369円である。

7）菅井真・藤井克徳「共同作業所における実践の特徴」共同作業所全国連絡会編『ひろがれ共同作業所』ぶどう社，1987年，p.42.

8）丸山啓史「発達保障と労働」越野和之・全障研研究推進委員会編『発達保障論の到達と論点』全障研出版部，2018年。

9）小林繁・川原健太郎「知的障害児・者の余暇活動に関するアンケート調査の最終報告」『つどう でかける あそぶ ハマる』，2004年，pp.7-20.

10）丸山啓史「知的障害者の余暇をめぐる状況と論点」『障害者問題研究』第44巻第3号，2016年，pp.2-4.

11）同上，p.4.

12）ファインマン，前掲，p.29.

13）田中智子「知的障害者のいる家族の貧困とその構造的把握」『障害者問題研究』第37

巻第 4 号，2010年，pp.26-27.

14）江尻桂子「障害児の母親における就労の現状と課題―国内外の研究動向と展望」『特殊教育学研究』第51巻第 5 号，2014年，pp.431-440.

15）丸山啓史「障害のある子どもの母親が就労することの意味―母親へのインタビュー調査から」『京都教育大学特別支援教育臨床実践センター年報』第 2 号，2012年，pp.23-35．など。

16）斎藤真緒・津止正敏・小木曽由佳・西野勇人「介護と仕事の両立をめぐる課題―ワーク・ライフ・ケア・バランスの実現に向けた予備的考察」『立命館産業社会論集』第49巻第 4 号，2014年，p.121.

17）濱島淑惠『家族介護者の生活保障―実態分析と政策的アプローチ』旬報社，2018年，p.66.

18）田中智子『知的障害者家族の貧困―家族に依存するケア』法律文化社，2020年，p.83.

19）遠藤理恵・平田道憲「障害のある学齢期の子どもをもつ主養育者の余暇生活」『日本の地域福祉』第22巻，2009年，pp.79-80.

20）丸山啓史「人間発達と『労働生活の質』―『障害者に仕事を合わせる』の意味と意義」『障害者問題研究』第38巻第 2 号，2010年，pp.10-17.

21）中野円佳『「育休世代」のジレンマ―女性活用はなぜ失敗するのか？』光文社新書，2014年。

22）濱口桂一郎『働く女子の運命』文春新書，2015年。

23）同上，p.236.

24）田中弘美『「稼得とケアの調和モデル」とは何か―「男性稼ぎ主モデル」の克服』ミネルヴァ書房，2017年，p.78.

25）同上，p.165.

26）「4 時間労働の社会」の実現を主張したものとして，丸山啓史『私たちと発達保障―実践，生活，学びのために』（全障研出版部，2016年）がある。

27）丸山啓史「"余暇"の権利と社会福祉援助」鈴木勉・田中智子編『新・現代障害者福祉論』法律文化社，2019年，pp.141-142.

28）ジュリエット・ショアー『働きすぎのアメリカ人―予期せぬ余暇の減少』森岡孝二・成瀬龍夫・青木圭介・川人博訳，窓社，1993年，p.235.

29）同上，p.233.

30）ナオミ・クライン『地球が燃えている―気候崩壊から人類を救うグリーン・ニューディールの提言』中野真紀子・関房江訳，大月書店，2020年，p.311.

依存の標準化と自由時間文化の創造 |

リカレント教育の普及・定着過程の分析

―スウェーデンにおける労働・教育政策に着目して―

笹井　宏益

はじめに

　リカレント教育は，一人ひとりの労働と生活のそれぞれを充実させることが期待されるワークライフバランス時代において，極めて重要な意義を有するものである。本稿は，スウェーデンにおける労働・教育政策に着目し，その意義及び内容を明らかにしつつ，リカレント教育の普及・定着を推進する観点から，現代の日本社会において望まれる制度・政策や関係機関・関係団体による取り組みの方向性を考察するものである。

1．リカレント教育という概念

(1)　ユネスコの生涯教育論

　経済協力開発機構（OECD）によるリカレント教育論は，ユネスコの生涯教育論の系譜を引き継ぎつつも，1970年代のスウェーデンの経済学者や教育関係者の着想と理論化を踏まえて，OECD が体系化したものである。もともと OECD は，第二次世界大戦後，ヨーロッパの経済復興のために創設された国際機関であり，そこで体系化されたリカレント教育論は，職業人育成論とキャリア形成論の性格を併せ持つものであるという点で，現代的な意義

を持っている。実際に，それは，1973年の報告書公表時から現在に至るまで，世界に大きな影響を与え続けてきた。日本においても，政府の審議会での議論をはじめ雑誌やインターネット上の記事や実践レポートなど，様々な場面で取り上げられてきており，近年では，日本版リカレント教育論とでもいうべき「学び直し論」として大きくクローズアップされている。学び直し論は，働き方改革が叫ばれるワークライフバランス時代の日本において，労働と生活とのバランスを取りつつ豊かな人生を送るための実践的キャリア形成論として，着実に日本社会に浸透しつつある。

　さて，リカレント教育論に先立ち，個人の生き方を社会全体の変化との関係で捉える考え方として，ラングラン（Paul Lengrand）以降，ユネスコの生涯教育論（以下「古典的生涯教育論」という。）は，世界に影響を与え続けてきた。その主張の要点は，経済社会の高度化・複雑化などが進展する中で，人々が豊かな人生を歩むためには，社会の変化に適切に対応することが必要であり，それゆえ，①学校を卒業した後も人生の各段階で常に自分自身のもっている知識やスキルを刷新し続けたり，②学校や家庭等で学ぶだけではなく広く地域や社会において様々な形で学んだりすることが求められる，という点にあった。前者は，教育活動にかかる機会や場の「垂直的統合」，後者は，同じく「水平的統合」と呼ばれている。

　こうした「時間的に継続して教育を受けること（Lifelong Education）」と「空間的に様々な場で教育を受けること（Lifewide Education）」は，人々が享受する教育活動の意味を捉え直すという作業をとおして，学校教育それ自体を相対化するとともに，「学ぶ」という概念を著しく拡大することをもたらした。「学ぶ」という概念の拡大は，学習者の主体性や自律性を，自分自身が生きていく「時間」と「空間」の中にあらためて位置付け直す作業をとおして，人間の成長発達プロセスにおける個人学習の意義や様々な社会的活動における「生きる力」の重要性などを認めることにつながったことは言うまでもない。実際に，1972年に提出された，ラングランに続くフォール（Edger Faure）らによるレポート『Learning to Be』（日本語訳名『未来の学習』，1975年）では，学習者による「学習活動」を基本的視座においた考え方を追求しており，以降「生涯教育」から「生涯学習」へという大きな流

れが生まれてくることになる。

　ラングランらによる古典的生涯教育論は，いわば「教育や学習という営み」（以下「教育／学習」という。）に対する意味づけに関わるパラダイム・シフトとでもいうべき視点を提供した。これらの視点は，学校教育という社会システムの役割と機能を，一人ひとりの生涯にわたる成長発達を促すプロセスの一部分として意義付け直し，多様で継続的な教育／学習を，個人が豊かな人生を創り続ける上での原動力と同義的にとらえている点で，画期的なものと言える。

(2)　古典的生涯教育論の社会的背景

　山崎ゆき子によれば，このようなラングランやフォールによる古典的生涯教育論が生まれた背景には，1930年代以降，フランス社会に「社会正義」の実現という視点に立った「教育の民主化（平等化）」を志向する思想（以下「平等化思想」という。）やそれに基づく運動があったことが指摘されている[1]。ラングランの考え方は，「急速に変化する社会に対応するための生涯にわたる教育の必要性」や「人間らしく生きることの重要性」を強調するランジュヴァン＝ヴァロンの改革案などと趣旨や内容が極めて類似しているというのである。すなわち，ラングランは，フランス社会に巻き起こった社会変革の大きなうねりの中で，こうした思想と問題意識を共有していた。それらの解決を図るための一つの帰結が「生涯教育」という考え方だったと考えられるのである。

　このような「社会正義」という視点に立った平等化思想は，ラングラン以降のフォールらによる議論などにも大きな影響を与えてきた。自己決定学習を主張したジェルピ（Ettore Gelpi）の理論をも併せて考えると，フランス社会の平等化思想は，古典的生涯教育論の形成・発展に大きな影響を与えてきたと言えるであろう。

⑶　古典的生涯教育論における平等化思想の表れ

　さて，平等化思想は，古典的生涯教育論においてどのように表れているのであろうか。古典的生涯教育論の特徴はすでに述べたとおりであるが，学校教育という社会システムを相対化することは，言うなれば，教育／学習にかかる機会や場を，空間的により拡散させ，また時間的により分散させることを意味しており，それらは，学習者の主体的で自由な判断・選択による多様なキャリア形成の可能性を広げることに帰結する。古典的生涯教育論に内在するこのような論理は，後述するように，リカレント教育論にも受け継がれている。

⑷　OECD によるリカレント教育論

　1973年，経済協力開発機構（OECD）の教育研究革新センター（CERI）は，『リカレント教育─生涯学習のための戦略─』という報告書を公表した。この報告書は，国際的に大きな反響を呼び，翌1974年にはその日本語訳が刊行されるなど，日本でも急速に関心が高まった。そこでの基本コンセプトは「青少年期という人生の初期にのみ集中していた教育を個人の全生涯にわたって労働，余暇，その他の活動と交互に行う」という点にあり，その本質的特徴とでも言うべき点は，次のとおりである。

　第一に挙げられる点は，学校教育を終えた後の職業人が，大学や大学院などの教育機関を利用して再教育を受けるという点を重視していることである。古典的生涯教育論は，職業能力の向上や生活上の豊かさを追求するために必要とされる教育／学習を，生涯にわたって継続したり社会の様々な場で行ったりすることの重要性を強調してはいるものの，学校という教育機関での学習実践に限定してはいなかった。リカレント教育論は，一度社会に出た人が学校に戻りそれを利用して再教育を受けるという，学校という教育機関の持つ教育作用を重視している点に最大の特徴がある。

　この背景には，もともと OECD が経済協力をつうじて産業社会の発展を推進する国際機関であり，そうした経緯から，リカレント教育論は，産業社

会の発展と職業人の生涯にわたる成長発達との関係に着目し，一人ひとりの有する専門的な知識・技術のリフレッシュが必要であると考えていることが挙げられよう。このことは，言いかえると，「若年期に集中している教育の機会」を人生の様々な時期に分散することを強調しているものであり，言うなれば，古典的生涯教育論と同様に，平等化思想の論理を内在させているものと言える。

　他方，リカレント教育論では，「社会に出た後学校に戻り，一定の知識・技術の習得をはじめ，さらには学位や資格等を取得した上で，再度社会に戻って活躍する」という生き方モデルが奨励されている。このような「学校と社会とのあいだを行ったり来たりして自らの人生（キャリア）を創っていく」とする「往還の論理」が，リカレント教育論の第二の特徴である。

　この「往還の論理」の意味するところは具体的にどのようなことであろうか。リカレント教育の主役は一人ひとりの職業人であり，その人がこれを実践することは，職業生活をはじめとする生活全般に大きな影響を及ぼす。すなわち，リカレント教育の実践は，自分のため，会社のためといった目的的な知識・技術の習得にとどまらず，実践者の生活全般や人生設計を変えることにつながる営みとも言え，その意味で，リカレント教育論は一つの「生き方モデル」を提供するものなのである。

　このように見てくると，リカレント教育論が内包する「往還の論理」は，いわば「ワーク」と「ライフ」を行ったり来たりするものであり，それらをつなぐものが大学・大学院などにおける教育／学習であるいうこともできる。ワークライフバランス論の目指すところは，望ましいキャリアの形成を含め一人ひとりの豊かな人生を実現するという点で，リカレント教育推進の目的とほぼ重なるのである。

２．スウェーデンの労働・教育政策とリカレント教育

⑴　スウェーデン教育界の状況とリカレント教育の提唱

　リカレント教育論を体系化し世界に提唱したのは OECD であるが，リカ

レント教育という着想は，もともとはスウェーデンの経済学者ゴスタ・レーン（Gosta Rehn）によるものと言われている。この着想は，政府の審議会（U68）で議論され，1968年に，リカレント教育の構想として紹介された。これは，教育の恩恵をより公平に国民に分配する方法として，教育の平等化を目指すスウェーデンの労働組合の一部から強い支持を受けており，当時の文部大臣であったオルフ・パルメ（Olof Palme）は，1969年，ヨーロッパ文部大臣会議において，この構想を提唱した[2]。

　瀧田真理子によれば，当時，スウェーデンの教育界は様々な課題を抱えており，パルメは，低学歴家庭出身の生徒の関心を教育へ向けさせ，国内で利用可能なあらゆる人的資源を効果的に利用する必要性を強く意識していたという。1950年代や60年代のスウェーデンにおいては，学校教育，特に中等教育に数々な制約が加えられており，それらが労働者階級の出身者に最も不利に働いている実態にあり，これを労働力需要に合わせて改善し，中等教育の拡充を図ることが教育政策として急務となっていた。他方，スウェーデンの大学進学者数は，1950年代はじめにはわずか3％程度であったものが，1969年には同じ年齢層の23％に達するなどの急増ぶりを示しており，それへの対応も重要な政策課題となっていた[3][4]。このような状況のもとで，中等教育修了後の中等後教育の改革が政策課題となっており，パルメは，中等後教育のみならず成人教育をも視野に入れて「学習と労働との交替」を中心とする教育システムを導入しようとしたのである。

　リカレント教育論は，スウェーデンの経済社会が大きく変容する中で，学校教育という社会システムに問題が生じ，それらの解決を意図して構想されたと言っても過言ではない。その背景として，次に述べるように，労働組合などによる平等化思想の具体化への志向があったことは否めない事実である。

(2)　労働政策の展開

　リカレント教育という着想が，スウェーデンの経済学者ゴスタ・レーンによるものであることはすでに述べたが，その背景には，1950年代以降，同国

の経済発展と産業の国際競争力を維持するために採られた「積極的労働市場政策」があると指摘されている。

　この政策は，ゴスタ・レーンとルドルフ・メイドナー（Rudolf Meidner）という２人の経済学者によって行われた提案「レーン・メイドナー・モデル」に基づいているとされている[5]。すなわち，低インフレ，完全雇用，高成長，所得向上といった４つの目標を達成するためには，生産性の低い不況業種や不況地域から，生産性の高い産業や地域に労働力の移動が必要となるが，そこで求められるのが労働者に対する職業上の教育や再訓練であり，その必要性からリカレント教育という着想が生まれたと言うのである[6]。

　積極的労働市場政策には，労働者に対する職業上の教育や再訓練の実施に加えて，連帯賃金（同一労働・同一賃金）の実現も含まれている。連帯賃金の実現には，労使双方の合意が必要となるが，スウェーデンは，労働組合への加入率が７割を超える伝統的に労働組合の力が強い国であり，1915年の最高裁判所の判断により，スウェーデンにおける労使間の労働協約は法的な拘束力を持つこととなった。その後，1928年に労働協約法が制定され，併せて，労働裁判所が創設された。また，1938年には，中央の労働組合総連合会と雇用者団体との間で，「ザルツヨバーデン協定（Saltsjöbadsavtalet）」が締結され，労働組合と雇用者団体との自由な意思の合致である労働協約の締結が，法律の制定と同等の効力を持つものであるという社会的な規範が確立した。これにより，積極的労働市場政策が多くの関係者に受け入れられ，連帯賃金の実施と併せて，労働者に対する職業上の教育や再訓練が広く普及していったのである。

　こうした労働政策は，法制度による直接の権利保障というよりは，労働者と雇用主との合意（協約）に法的保護を与えて，結果として労働者の権利を保障するものであった。こうした「民の世界」における私的自治を尊重する形により社会的な規範を創出する方式は，労使関係における緊張関係やトラブルを未然に防ぎ，労働者と雇用主の利益を調整する機能を持っている点で，すぐれて安定的である。このような方式は，リカレント教育を普及・定着させる際にも，極めて有用であったものと推察される。

　日本では，「労働者の長時間の労働がリカレント教育の実現を阻んでいる」

といったことがしばしば指摘されるが[7]，リカレント教育を含め労働者と雇用主の利益の不一致は，当事者の共通理解に基づいて解決することが望ましいことは言うまでもない。スウェーデンの例は，労働組合への加入率が極めて高い同国特有の方式とも言えるが，リカレント教育が，本来的に「ワーク」と「ライフ」を行き来するもの，すなわち，パブリックな領域とプライベートな領域の両方にまたがるものである以上，労働者や企業の実情を反映させることができる労働協約に着目しそれに法規範性を与える方式は，日本におけるリカレント教育の普及・定着を考える上でも，貴重な示唆を与えるものと考える。

(3) 有給教育休暇の制度化

リカレント教育を実現するためには，一人ひとりの労働者が，自らの意向に沿った学習の機会や場を，自らの自由な判断・選択によって分散的・適時的に取得できなければならない。いわば，労働者に職場を離れての「学習するための時間」が確保されなければならない点で，有給教育休暇は極めて重要な意義を持っている。

1974年，国際労働機構（ILO）は「有給教育休暇条約」を採択し，加盟国にその目的を達成するための諸制度の策定を促した。有給教育休暇とは「労働時間中に一定の期間教育上の目的のために労働者に与えられる休暇であって十分な金銭的給付を伴うもの」とされている。休暇をとることのできる教育の種類は，職業訓練にとどまらず，「一般教育，社会教育及び市民教育」さらには「労働組合教育」も含まれている。また，有給教育休暇のための財源は，費用をまかなうに足りるほど十分な額であるだけでなく永続的なものでなければならないとされている。

こうした状況のもとで，スウェーデンでは，同年，労働者が教育訓練のために休暇を取る権利を定めた「労働者の教育休暇の権利に関する法律（Studieledighetslagen）」（以下「教育休暇法」という。）が制定された。教育休暇法は，フルタイムとパートタイムの双方の労働者に適用され，職場の大小を問わずすべての労働者に適用されることになっている。ここには，有

期雇用の労働者や派遣社員，研修生も対象者として含まれる。これが適用される唯一の要件は，少なくとも6か月間あるいは過去2年間に12か月間以上，雇用主に雇用されていることである（下記参照）。

　このように，スウェーデンは，有給教育休暇の重要性に早くから注目し，フランスと並んで，有給教育休暇制度を導入した国である。ここで注目すべき条文は，第4条第3項である。第4条は，雇用主による，労働者の休暇取得時期の一時停止・延長について定めている条文であるが，同条第3項では，その場合の（雇用主による）労働者団体への通知義務を定めている。この通知を受けた労働者団体は，当該雇用主に休暇時期の延期について交渉することを要求する権利を有するものとされている。わかりやすく言えば，雇用主は，労働者の教育休暇取得の時季を延期する権利を有するが，その場合であっても，労働者団体によるチェックを受けることが求められるというもので，労働者の休暇取得の権利が，法制度のみならず，労働者団体の関与によっても，実質的に保障されている。

　有給教育休暇制度は，労働者の人生という時間軸において，自らの教育／学習に費やす時間を，自分の意思で自由に分散し設定することを権利として保障するものと言える。日本においては，夜間大学院など仕事をしながらのリカレント教育が主流であるが，その意義や問題点を考える上で，スウェー

労働者の教育休暇の権利に関する法律（1974年制定）（関係部分のみ抜粋）

第1条　公的または私的雇用の労働者で，教育訓練を受けることを希望する者は，本法に従って必要な休暇を取得する権利がある。

第2条　（略）

第3条　休暇の開始時点で，過去6か月間において，または過去2年間において合計12か月以上，雇用主に雇用されている労働者に，教育休暇の権利が発生する。

第4条　雇用主は，所定の条件に示されている内容に従って，労働者が要求した休暇の期間を延期する権利を有する。

2　（略）

3　雇用主が，当該労働者が所属する分野に関して，労働協約を締結しているまたはそれによって拘束されている場合には，当該労働者に加えて，関連する地元の労働者組織に対しても直ちにその旨の通知を行う必要がある。労働者団体は，通知後1週間以内に，使用者に対して，休暇時季の延期について交渉することを要求する権利を有する。

（以下略）

出典）https://www.riksdagen.se/sv/dokument-lagar/dokument/svensk-forfattningssamling/lag-1974981-om-arbetstagares-ratt-till_sfs-1974-981（2021年5月31日アクセス）なお，上記訳文は筆者による。

デンにおける有給教育休暇の在りようは，貴重な示唆を与えるものと考える。

⑷　経済的支援

　スウェーデンでは，基礎教育から高等教育まで学校教育は無償となっている。また，学校教育以外の教育機関，例えば，成人基礎教育機関（Komvux）や国民高等学校（folkhögskola）などの教育機関についても，無償か，または有償であっても充実した奨学金制度などによって適切な助成措置が講じられている。このように，スウェーデンでは，学校教育はもとより，成人教育の機関であっても，教育にかかる経費を軽減させるための様々な政策が講じられており，リカレント教育の推進に際して，学費負担の問題は，留学生を除き，それほど大きな障害とはなっていない。

　スウェーデンにおける教育機関への学費負担のあり方は，日本におけるリカレント教育の普及・定着を考える上で，貴重な示唆を与えるものと考える。

３．日本におけるリカレント教育の普及・定着のために

　下表は，日本におけるリカレント教育の推進に関連すると考えられる日本の教育政策について，「学習者にとっての意義」という点を踏まえて表にしたものである。これを見ると，経済的支援に関する政策が乏しいことがわかる。もちろん，個々の学生に対して一部助成する措置はあるし，また各企業により社員を大学院などに派遣するケースも見受けられるが（この場合には授業料等は不要），スウェーデンの教育政策と比較すると，不十分と言わざるを得ない状況にある。これに加え，すでに述べたように，日本では，有給教育休暇も制度化されておらず，仕事をしながらリカレント教育を実践することはできても，仕事を離れてそれを実践できる条件はまだまだ整備されていない。また，多くの場合，リカレント教育で取得できる学位や資格の社会的・職業的評価も低い。こうした現状は，日本においてリカレント教育が普

表　リカレント教育の推進に関連する日本の政策

名　称	学習者にとっての意義
夜間大学院	時間的アクセスの改善
昼夜開講制	時間的アクセスの改善
サテライト教室	距離的アクセス改善
教育訓練給付制度	経済的支援
通信制	時間的・距離的アクセスの改善
社会人特別選抜制度	入試にかかる条件整備
科目等履修生制度	時間的・距離的アクセスの改善
専門職大学院	専門性の向上
専門職大学	専門性の向上
長期・短期在学コース	時間的アクセスの改善，専門性の向上
長期履修学生制度	時間的アクセスの改善，専門性の向上
職業実践力育成プログラム認定制度	専門性の向上
履修証明プログラム制度	専門性の向上

出典：文部科学省の資料をもとに筆者が作成。下線は筆者による。

及・定着しない大きな理由と考えられる。

　以上述べたように，スウェーデンでは，産業社会が抱える課題と教育界が抱える課題とを一体的に解決しようとする努力の中で，リカレント教育の構想が生まれ，普及・定着してきた。その際，労働政策を中心とする制度・政策がそれを下支えしてきたことは言うまでもないが，私的自治の領域での労使間の合意（労働協約）が，法的効力を有する社会規範となるなど重要な機能を果たしてきたことは，特筆に値する。なぜならば，労働者と雇用主が同じ方向を目指すことで，それぞれの企業はもとより社会全体に，リカレント教育の推進という共通理解が生まれるからである。

　労働政策は，基本的に，労働者の権利保障を目指すものである。この「権利」には，「ワークとライフの両方を充実させることで豊かな人生を築くこと」が含まれるものであることをスウェーデンの事例は示している。

【註】

1) 山崎ゆき子，「ユネスコにおける生涯学習概念の再検討―フランスの教育改革を視野に入れて―」，『神奈川県立国際言語文化アカデミア紀要』第3巻，神奈川県立国際言語文化アカデミア，2014年，pp.1-15.

2) S. T. Rusak, "Sweden and Ontario Under Palme and Davis : educational priorities", Comparative Education, Vol.13, No.3, 1977, p.206.

3) 瀧端真理子，「スウェーデンにおけるリカレント教育提唱の背景と目的」，『教育・社会・文化：研究紀要』第1号，京都大学，1994年，pp.72-78.

4) U68, "Higher Education", Proposal by the Swedish 1968 Educational Commission, Stockholm, Allmänna Förlaget, 1973.

5) L. Erixon, "The Rehn-Meidner Model in Sweden: Its Rise, Challenges and Survival", Journal of Economic Issues, Vol.44, No.3, pp.677-715.

6) Gosta Rehn, "Towards Flexibility in Working Life", Education and The World of Work, National Institute of Education, 1973, pp.177-185.

7) 文部科学省『社会人の大学等における学び直しの実態把握に関する調査研究』，文部科学省高等教育局，2016年
https://www.mext.go.jp/a_menu/koutou/itaku/__icsFiles/afieldfile/2016/06/02/1371459_01.pdf（2021年5月31日アクセス）。

【参考文献】

高橋美恵子，「スウェーデンのワーク・ライフ・バランス―柔軟性と自律性のある働き方の実践―」，『RIETI Discussion Paper Series』11-J-040号，経済産業研究所，2011年，pp.1-30.

中兼優介，「スウェーデンにおけるリカレント教育の取組み」，『国際協力員レポート』，ストックホルム研究連絡センター，2017年

佐藤厚，「日本ではなぜリカレント教育が普及しないのか？―日本とスウェーデンの比較から―」，『法政大学キャリアデザイン学部紀要』第18号，pp.107-146.

K. Rubenson, "25 Years of Recurrent and Adult Education Policy in Sweden: Between Ideology, and Economy", Paper Prepared for OECD Examination of Sweden, 1992.

第Ⅱ部

労働と生活を統合する視点から
社会教育実践を再検討する

障害のある青年の暮らしを支える 青年集団の形成過程

―国立市公民館の実践とその理念に着目して―

橋田 慈子

はじめに

　労働と生活の調和をめざすワーク・ライフ・バランス政策において，仕事は，人々の暮らしを支え，生きがいや喜びをもたらすものとして捉えられている。仕事の充実が，調和のとれた生活の実現につながるという考え方のもと，多様な主体を労働の場に包摂することが目下の政策課題になっている[1]。このような政策は，ポスト福祉国家における「福祉から労働へ（ワークフェア）」という考え方と結びついたものであると考えられる。

　近年，障害者の雇用をめぐっては，特別支援学校におけるキャリア教育や職業教育とともに，学校卒業後の就労支援サービスが充実してきている[2]。このように政策及び実践のレベルでは，障害者の就労能力を高めて一般就労への移行を図る取り組みが推進されているが，就労支援系の福祉サービスから一般企業での就労に移行する者の割合は必ずしも高くない[3]。そうしたなか，障害者個人の就労能力を高めることもさることながら，障害者の労働と生活の問題を総体的に捉えつつ，労働の場をエンパワメントすることも重要であると指摘されている[4]。

　では，どうすれば，学齢期より，非障害者（以下，健常者とする）として生きてきた人びとが，障害者の労働と生活（以下，暮らし）の問題に当事者

意識をもって取り組むことができるのか。その過程における，社会教育実践の役割とは，何なのか。この点を明らかにすることが，ワーク・ライフ・バランス時代の社会教育研究に求められていると考えられる。

　このような問題意識に基づき，本研究では，1970年代半ばから80年代にかけて，東京都国立市の公民館で青年期教育を担った職員と地域の青年たちが取り組んだ学習実践に焦点を当てて，障害者の暮らしを支える主体者が形成される過程を明らかにする。そのための研究方法として，当時公民館で青年期教育担当をしていた平林正夫氏と，地域の青年たち（障害のある青年と健常青年）が書き残した記録集『コーヒーハウス』を参照するほか，平林氏に対して実施した聞き取り調査のデータを用いることとする[5]。

　続いて，1970年代から80年代という過去の公民館実践に焦点を当てる理由を説明したい。1970年代は，今日のように障害者の雇用を支える各種制度やサービスがまだ十分に整っていない時代であった。それに加えて，二度にわたる石油危機の影響を受けて，養護学校を卒業した後の進路は厳しさを増していた。1979年に養護学校中等部を卒業した者（3,512人）の進路状況を見ると，就職できたものはわずか6.4％で，無業者は41.5％であった[6]。

　このような状況のなか，東京都国立市の公民館では，1981年に障害のある青年と健常青年が共に働く場として「喫茶コーナーわいがや（以下，わいがや）」が誕生している。この喫茶コーナーを作った青年たちは，20代から30代の大学生（体育・美術・教育学等を専攻）や社会人の男女であり，はじめから障害者支援に積極的な関心を持つものは，ほとんどいなかったという。しかしそうした青年たちは，公民館での活動を通して障害者と出会うなかで，彼／彼女らと共に地域で生きるための活動を展開するようになったという[7]。こうした青年たちの変容過程に，障害者の暮らしの問題に取り組む主体を形成する，社会教育実践の役割を看取できるのではないだろうか。

　以上の問題意識に基づき，本研究では1970年代から80年代の学習実践に焦点を当てながら，障害者の暮らしを支える主体者を形成する社会教育実践の役割を明らかにすることとする。

1. 障害者と健常者のあいだに仲間意識を育む実践

　東京都では，1960年代から，養護学校の卒業後に行き場がなく，地域で孤立していた障害者のために社会教育行政のもとで「障害者青年学級」が開設されていた[8]。そうした中，国立市の知的障害者の親たちが結成した「手をつなぐ親の会（以下，国立市親の会）」では，1974年に社会福祉協議会と協力して障害者青年学級の開設に関するニーズ調査を実施し，学級開設に関する行政交渉を開始していた。しかし公民館では，障害者のための学級開設に必要な予算を確保できないことと，障害に関する専門知識を持った人材が確保できないことを理由に，障害者青年学級の開設を見送っていた。

　こうした公民館側の姿勢を受けて，親の会の参加者は，社会福祉協議会と近隣の立川・府中養護学校の教員たちの協力を仰ぎながら，1975年9月から月に1回程度のペースで「青春友の会」という余暇活動を開催した[9]。公民館における条件整備が進まないことから，親の会がこうした活動を実施し始めたのである。それでも，親の会の参加者たちは，公民館に対する働きかけを続けており，親の会の訪問依頼を受けて，公民館職員の平林正夫は，「青春友の会」の活動を見学することとなる。そのなかで，平林は，障害のある青年のことを子ども扱いしている母親や教員の関わり方に違和感を覚え，障害のある青年たちにとっても，同世代の中で自分のことを「解放できる」場所が必要であると考えるようになった[10]。そうして彼は，障害のある青年の親子関係の問題を意識しつつ，彼／彼女らを「解放できる」場を作るために，地域の青年とともに行動し始めるのであった。

　国立市公民館では，平林らが学級を見学した翌年の6月から月に2回，障害のある青年と健常青年が農作業（ワサビ田づくり）を通して交流する「サンデーコーヒーハウス（以下，SCH）」のイベントを開催していた。SCHは，日常的に交わる機会のなかった障害者と健常者とのあいだに仲間意識を育んでいくことを目指していた。そこでの出会いを通して健常青年たちは，同じ青年期を迎えていながらも，限られた生活範囲しか知らないでいる仲間（障害者）が地域の中にたくさんいることを学び始めていった[11]。

そのような学びを経験した青年たちは，SCH のような場所を公的に保障するための働きかけを行っていく。滝乃川学園の施設職員として SCH に参加していた青年は，1977年4月から国立市公民館運営審議会の有識者委員に加わり，そこで「障害をもつ青年に教育の機会を保障する方策についての答申（以下，答申）」を策定していった。同答申では，SCH がこれまでに取り組んできた「仲間づくり」をさらに拡げるために，自治体が責任をもって施設，職員，その他の諸条件を整備しなければならないと明記された[12]。

　「仲間づくり」を進めることの重要性が共有されながらも，SCH の内部では，何のために「障害者」と「健常者」という非対等な立場の人々が「仲間」になるのか，という根本的な問題が提起されていく。そのきっかけを作ったのが，1970年代の半ばに国立市で活発化していた障害者運動の支援者たちであった[13]。

２．仲間の暮らしを改善する連帯感の醸成

　当時，国立市では，「かたつむりの会」という障害者団体が活動を始めていた。この会は，府中療育センター闘争を経て国立市に移住してきた三井絹子氏[14]を中心としてはじまった団体であり，現代社会が障害者の地域生活を「許さない構造」を持っていることを意識しながら，障害者が地域に出て自立生活をすることを支援する活動を行っていた[15]。この「かたつむりの会」の支援者たちが SCH の中心的メンバーとして関わり始めるなかで，SCH の「和気あいあいとした」活動の方向性に対して，疑問を投げかけていった[16]。

　　現在の SCH は，和気あいあいとしたところがある。けれども，各人のおかれている状況はきびしく，親の死後，自分はどうなるのかな等々，本当に切実な悩みをみんな持っていると思う。けれどもそれが話されない。その中では真の人間関係は作れないと思う。私たち SCH は，絶え間のない，人間同士のぶつけ合いを通じ，相手の状況，社会的位置を認識し，真の人間関係をつくらねばならないと思う。（中略）その中で「障害者」と「健常者」との間の壁は，少しずつでものりこえられるのではないかと思

う。

　当事者運動の支援者たちは，SCH の活動の「和気あいあい」とした雰囲気のなかで，障害のある青年たちが有している切実な悩みや，そのもととなる生活状況が共有されていないことに違和感を覚えていた。そのうえで，障害者と健常者という非対等的な立場の人々が「仲間」として活動するのであれば，仲間たちの生活状況や社会的位置を認識しながらも，「障害者」と「健常者」とのあいだの「壁」を乗り越えていくためにこそ活動をするべきではないか，と提起していた。

　こうした問題提起を受けて，SCH では表面的な楽しさやなれあいの上に成り立つ集団から抜け出し，お互いに協力しながら「苦しい問題状況を解決する」集団に成長する必要があることが認識されるようになった[17]。こうして，SCH で活動する青年たちは，1978年度に国立市内の障害のある青年たちの労働と生活の状況および希望を把握する調査を行うこととなった[18]。

　SCH の参加者（22名（男女ともに11名ずつ））は，1978年3月から公民館職員（2名）と国立市手をつなぐ親の会の参加者（7名），民生委員（2名），社会福祉協議会の委員（5名）とともに「国立市における障害をもつ青年の生活実態と意見・希望」調査を開始している[19]。この調査は，①障害のある青年に開かれた青年学級づくりの内容面，予算面の基礎資料にすること，②調査活動を通じて，新しい青年たちと知り合いになる，③協力していた市民との連携を強めていくことを目的としていた。そうした目的のもと，15-27歳の障害のある青年97名[20]の家庭や施設を訪問し，①障害のある青年たちの生活の実態，②自立への問題，③人間関係の問題を調査し，④生活への満足度や希望に関して面接調査を行った。この訪問調査を通して，青年たちは，一口に「障害者」といっても様々な状況であることを学びながら，その生活状況と要求（希望）にどのような乖離が見られるのかを把握していった。

　第一に，生活実態と要求（希望）との乖離状況は，経済的・職業的側面に見られていた。障害のある青年の就職率は，在宅者の場合44％であったが，施設入所者の場合，より障害の程度が重いことから17％となっていることが

分かった。さらに，働けたとしてもその収入は健常青年に比べると一段低くなっており[21]，なかでも，市内の障害者の4人に1人が働いていた作業所では，約63％が月額1万円未満の工賃しか得られていないことが分かった[22]。障害のある青年のなかには，強い就労意欲があるにもかかわらず，一般就労が進んでいないことから収入面に影響が出ていることが浮かび上がった。

　第二に，障害のある青年たちの経済的貧困は，親や家族に依存せざるを得ない暮らしを成立させていることが示唆された。障害のある青年は，同年代の青年たちに比べると友人関係が希薄であり，中でも知的障害や重複障害のある青年の場合，家族（特に母親）に対して困りごとを相談している傾向にあることが浮かび上がった[23]。その一方で，障害のある青年たちの中には，「若者同士の結びつき」を求める声も根強く存在していることが分かった[24]。

　こうした実態調査を通して，障害のある青年が，経済的・職業的自立の困難を抱えながら，家族（母親）に頼らざるを得ない状況に置かれていること，それに相まって，友人関係が希薄になっていることが明らかになった。このように，暮らしの実態，あるいは実態と希望との乖離状況を把握することにより，青年たちのなかに，仲間たちの状況を改善するために行動しようという意識が芽生えるのであった。

　この調査に調査委員長として取り組んでいた身体障害のある青年は，SCHに参加し，実態調査に取り組むなかで，次のような変化を経験していた[25]。

　　コーヒーハウスに参加し（中略），初めて俺以外の障害者を多少でも考える事ができるような気になった。いや，考えるべきだと思った。俺はいままで，自分がひとり立ちできるようになることだけ考えてきた。しかし，それでは，俺の後につづく仲間や，今，俺より苦しい思いをしている仲間には，現在の偏見や差別がそのまま残ってしまう。俺は俺なりに多少であっても，それらをなくしたい。

　彼は，様々な障害者に出会い，そうした人びとの「外出の問題，人間関係，交通手段など」，暮らしの問題状況を把握するなかで，自分の自立以外

にも，「解くべき問題がたくさんある」ことに気づいていったという[26]。このような調査を通して仲間たちの暮らしの問題を掴んだ青年たちは，仲間たちの生活状況を変えるために，連帯していくのであった。

　まず青年たちは，職員と共に先に取り組んだ実態調査の結果を1978年12月号の公民館だより（市内全戸配布）に掲載して周知するほか，市役所で調査報告会を開催するなど，障害のある青年たちの生活状況を公共的課題として提起し，障害者青年学級のための予算獲得に向けた行動を展開していった。こうした活動と並行して障害者青年学級のプログラム作りが始まった。その中で，障害者青年学級の活動を通して「障害のある青年たちの具体的な生活や労働に関する学習を取りあげることにより，将来の職業的自立・身辺自立に役立つようにする」という活動方針が固まった[27]。

　そして，1980年度から始まった障害者青年学級では，①生活に役立つ学習や読み書きそろばんを担当する「学習班」，②「工芸班」，③「園芸班」，④「レクリエーション班」，⑤在宅生活を送る障害者のもとに訪問する「訪問班」，そして，⑥「喫茶コーナー実習」から編成された。なかでも，⑥「喫茶コーナー実習」は，障害のある青年たちが接客や買い物，計算，工芸などの各種技能を身に付けていることを，住民たちに対して可視化するものであり，学級活動の中心に位置づけられていた。

　ただ，社会教育法23条第1項で公民館による営利事業が禁止されていたことから，「喫茶コーナー実習」はあくまでも「実習」の範囲内で捉えられており，給与が発生しない仕組みになっていた。しかし「実習」に留まっていては，これまでの調査を通してつかんできた障害のある青年たちの経済的・職業的状況を改善することができない。このことを受けて，青年たちは，1981年に市民団体「障害をこえてともに自立する会」を結成し，公民館ロビーの一角でわいがやを経営し始め，障害のある青年に対しても，給与が発生する仕組みを整えていった。わいがやは，障害者と健常者が地域のなかでともに自立していくことを目指した運動体となったのである。

　以上に見てきたように，国立市公民館で活動してきた青年たちは，実態調査を通して，障害のある青年の生活状況を把握することで仲間たちの「自立」のために連帯し，喫茶コーナーを設立し始めていた。そして障害のある

青年たちはわいがやで働き，給与を得ることにより徐々に自信を持ち始めていった[28]。さらに，青年たちの活動する姿を目の当たりにする中で，親たちの意識も，徐々に変わり始めたという[29]。

３．障害者の社会教育の役割の発見─職員の問題意識の深化─

　職員の平林は，地域の青年と親たちの相互変容のようすを目の当たりにする中で，障害のある青年の社会教育の目標は，「その自立の際の手助け」を行うことにあるのではないか，と考えるようになっていた[30]。

　「障害」の程度で様々なケースがあると思うが，「障害」を持つ青年の社会教育の目標は，その自立の際の手助けではないだろうか。親の側の問題で言えば，動物でいう「子離れの儀式」にいかに社会教育が関与できるかということである。さらに誤解を恐れずにいえば，親が自分の子どもを若い世代に託すことができるかどうか。その基盤づくりが社会教育の役割ではないだろうか。

　ここにおいて，「自立」とは，障害のある青年が単に一人で能力を発達させていくことだけを指しているのではなく，「若い世代」のなかでつながり，支え合いながら，親元から離れていくものとして捉えられていた。こうした考えは，彼自身が，障害のある青年とその母親のようすを変えていく青年たちの実践を支えるなかで導いてきたものであったと考えられる。平林は，聞き取り調査においても，「親たちは自分の責任と思って必死になっている」が，「親離れは，障害者にとって必須」のことであり，そのために「こちらは仲間としてやる」という気持ちで取り組んでいた，と語っている[31]。平林は，こうした青年達の取り組みを通して見出した障害者の社会教育の目標を，多摩地域の社会教育職員の研修会や『月刊社会教育』の記事等において報告・共有していった[32]。

　その後，1980年代半ばになると，多摩地域では，障害のある青年の「自立」を目標に掲げた障害者青年学級の取り組みが散見されるようになる[33]。

さらに1990年代になると地域福祉政策が進むなかで，親の会や社会福祉法人が，障害者の就労のための喫茶コーナーを公共施設に作り出す動きや，就労支援の制度やサービスが充実していった。そうした実践の広がりを目の当たりにしながらも，平林は，「青年たちがこういう場所をつくったのは，うち（国立市公民館）くらいじゃないか」と述べる[34]。障害者の自立した暮らしをともに支えようとする集団を，いかにして地域の青年層の内部に形成することができるのか。このことは，障害者の雇用を支える制度やサービスが整えられつつある現代においても，問われている。

おわりに

これまで，本稿では，障害者の雇用を支える制度やサービスが十分に整備されていない時代に，東京都国立市の公民館の職員と地域の青年たちが取り組んだ学習実践を検討してきた。最後に，これまでの検討内容をもとに，障害者の暮らしの問題に取り組む主体者を青年たちの内部に形成する，社会教育実践の役割を明らかにしたい。

まず，障害者の暮らしの問題に青年たちが取り組むようになる過程では，障害者と健常者が「仲間」として出会う仕組みが欠かせなかったと考えられる。SCH の取り組みを通して，健常青年たちは障害のある青年との共同作業を経験し，彼／彼女らに対して同世代を生きる「仲間」としての意識や共感を持ち始めていたことが明らかになった。

さらに，そうした活動と並行して，「仲間」たちの暮らしの問題を意識化する取り組みが展開されることで，青年たちの活動は，自立に向かう運動としての性質を持ち始めたと考えられる。SCH では，「何のために障害者と健常者が仲間になるのか」という点が，内部の青年（障害者運動の支援者）から問い直されながら，障害者の暮らしの実態を把握する調査が始まっていた。青年たちは，こうした調査に取り組むなかで，障害者と健常者のあいだの非対等性や，障害者の労働と生活実態及び希望との乖離状況を学び始め，その状況を改善するために，「自立」という理念を掲げた障害者青年学級の開設や喫茶コーナーづくりに取り組んでいた。

このことを踏まえると，社会教育実践は，①「障害」と「健常」という形で分断されてきた人びとの間に，共感や仲間意識を育みながら，②障害者の暮らしの問題を顕在化させることで，③仲間たちの暮らしの問題に取り組む，青年集団を形成することに寄与していたと考えられる。その過程において，公民館の職員もまた，障害者の親子関係や「自立」に対する問題意識を深めながら青年たちと共に行動してきたことが明らかになった。

　ワーク・ライフ・バランス時代の社会教育は，障害者の労働と生活（暮らし）を支える人々の形成にいかに寄与することができるのか。過去の公民館実践から，現代を生きる私たちが学べることは，少なくないと考える。

【註】
1）内閣府「仕事と生活の調和（ワーク・ライフ・バランス）憲章」
　http://wwwa.cao.go.jp/wlb/government/20barrier_html/20html/charter.html（2021年5月29日最終閲覧）。
2）例えば，文部科学省中央教育審議会答申『今後の学校におけるキャリア教育・職業教育の在り方について』（2011年）では，特別支援学校高等部におけるキャリア教育・職業教育の充実が謳われており，答申の内容がその後の教育課程にも反映されている。
3）厚生労働省「障害者の就労支援対策の状況」
　https://www.mhlw.go.jp/stf/seisakunitsuite/bunya/hukushi_kaigo/shougaishahukushi/service/shurou.html（2021年5月29日最終閲覧）。
4）津田英二「障害者雇用の展開と雇用以前の問題」日本社会教育学会編『労働の場のエンパワメント』東洋館出版社，2013年，pp.44-55.
5）平林正夫氏は，東京学芸大学大学院で社会学を修めてから1974年に国立市公民館職員の青年教育担当として入職し，1988年まで公民館で務めている。平林氏に対する聞き取り調査は，筑波大学人間系研究倫理審査の承認を得て，2020年8月26日と2021年4月6日に国立市にて実施している。
6）日本精神薄弱者福祉連盟編『発達障害白書戦後50年史』日本文化科学社，1997年，p.248. 1976年には身体障害者雇用促進法を通して，身体障害者に対しては民間企業による法定雇用率制度が誕生したが，知的障害者の場合には，「雇用に適するかどうかの能力の判定がなかなか困難であること」等を理由に制度の対象外となっていた（同上，p.133，138）。

7）平林正夫「青年が地域に目覚める過程」『月刊社会教育』1985年1月号，pp.39-43.

8）詳細は，井口啓太郎・橋田慈子「障害者の社会教育実践の展開」（東京都社会教育史編集委員会・小林文人編『大都市・東京の社会教育』エイデル研究所，2016年，pp.386-403）を参照されたい。

9）「青春友の会」では，養護学校卒業生を対象にして，卓球大会，ハイキング，クリスマスカードづくり，編み物教室，サイクリングなどに取り組んでいた（国立市手をつなぐ親の会編『ふれあい30年のあゆみ』1993年，p.61）。

10）平林正夫氏に対する聞き取り調査（2020年8月26日実施）。

11）菅原久子「一人の人間として，仲間として」コーヒーハウス編集部『コーヒーハウス21号』国立市公民館，1977年，p.18.

12）50周年記念事業実行委員会冊子部会編『くにたち公民館50年のあゆみ』国立市公民館，2005年，p.168.

13）国立市内の障害者に関連する団体は，1983年の時点で16団体にのぼっていた（東京都立立川社会教育会館『"障害者"の新しいつながりを求めて—第7回市民活動交流のつどい・記録—』1983年，pp.2-3）。

14）東京都府中療育センターの管理体制に対して，在所生から批判の声があがり，都や施設側に改善が求められていた。なお，三井絹子氏の府中療育センターでの暮らしや，仲間との地域生活，子育てのようすについては，彼女の自伝『私は人形じゃない—抵抗の証』千書房，2006年を参照されたい。

15）立川社会教育会館『障害者運動　三多摩を中心に（市民活動第18号）』1979年，p.12.

16）藤田正基「障害者運動をやる中から…」コーヒーハウス編集部，前掲，pp.19-20.

17）コーヒーハウス編集部，前掲，pp.70-71.

18）1977年の公民館運営審議会の答申に，SCHの活動を拡張するうえで，障害のある青年の実態を把握する必要があると明記されていたことから，調査はこの答申の内容を受けたものであったとも考えられる（国立市公民館『別冊こーひーはうす』1995年，p.169）。

19）調査委員長は，養護学校を卒業した身体障害のある青年（木下享）であった（国立市青年学級調査委員会『国立市における障害をもつ青年の生活実態と意見・希望』国立市公民館，1978年，p.2）。

20）市内には152名の障害のある青年（そのうち自宅住居者は96名，施設入所は56名）が暮らしていて，そのうちの97名が訪問調査に回答していた。

21）国立市青年学級調査委員会，前掲，p.31.

22) 同上，p.59.

23) 同上，p.78.

24) 同上，p.91.

25) 木下享「問題用紙は配られた」コーヒーハウス編集責任者『コーヒーハウス』第31号，1979年，pp.24-25.

26) 同上。

27) 国立市公民館編『くにたち公民館の実践―この10年』1982年，p.13.

28) 北島多佳子「わいがやでの5年間を出発点に」50周年記念事業実行委員会冊子部会，前掲，p.117.

29) 親たちの中には，わいがやの活動が「軽度」の障害者向けのものであるとして反対する者もいたという。しかし実際の活動のようすを目の当たりにするなかで好意的な態度をとるようになったという（平林正夫氏に対する聞き取り調査（2021年4月6日実施））。

30) 平林正夫「若者としての交流・学習―『障害者青年学級』の実践的課題」社会教育推進全国協議会三多摩支部『三多摩の社会教育』1980年，pp.60-61.

31) 平林正夫氏に対する聞き取り調査（2020年8月26日実施）。

32) 平林氏の実践記録は，「地域に根づけ“わいが屋”の味―『障害者青年学級』の理念と実践」『月刊社会教育』1981年4月号，pp.35-42（青年と共著）および「『障害者青年学級』の実践から『社会教育』（職員）のあり方を考える」立川社会教育会館『障害者の社会教育保障のあり方をさぐる』第5号，1985年，pp.20-23（単著）に掲載されている。

33) 1980年代後半の調査では，19学級中7つの学級が「自立」を目標に掲げていたが，そこにおける「自立」概念は，身辺自立から経済的自立，自治まで，多義的なものであった（立川社会教育会館『障害者の社会教育保障のあり方をさぐる』1987年，p.34）。

34) なお，わいがや設立時に関わった健常青年の中には，その後，社会福祉協議会や社会福祉法人の職員となって，福祉行政やサービスの内側から，障害者の暮らしを支えるようになったものもいたという（平林正夫氏に対する聞き取り調査（2021年4月6日実施））。

ライフ・キャリアを支える
キャリア支援と社会づくり

阿比留　久美

はじめに

　1990年代以降の日本の子ども・若者は雇用の不安定化が定常化するなかで〈学校から社会への移行〉を遂げなければならなくなっている。そのような状況に対応するべく2000年代に入ってから子ども・若者へのキャリア教育／支援が急速に広まっている。

　キャリアは，職業的な面に焦点を当てたワーク・キャリアと，人生のあらゆる側面を含みこんだライフ・キャリアに整理できるが，一般的なキャリア教育／支援で目指され，行われていることは，職業的自立・経済的自立を遂げるための職業観の醸成などをおこなうワーク・キャリア偏重なものになっている。しかし，ますます新自由主義が亢進し，資本主義が跋扈する社会のなかで，ワーク・キャリアに偏重した社会適応的なキャリア教育／支援を行っていくことは，既存の社会を生き抜くためのライフハックとしては意味があるが，生きるとはどのようなものなのかを知り，味わいつつ充溢した生を生きていくことに資するものにはなかなかつながりえないのではないか。

　そこで，本稿では，ライフ・キャリア─自分はどう生きるか／生きたいか─を支える子ども・若者の社会教育実践を検討し，ライフ・キャリアと社会づくりの視点を位置づけたキャリア支援のあり方と可能性を提言していく。

1．子ども・若者の学び・育ちと〈キャリア〉

⑴　キャリアとはなにか―ワーク・キャリアとライフ・キャリア

　キャリアとは，様々な立場や役割を通じて蓄積していく人生の足跡やプロセスのことを示し，ライフ・キャリアとワーク・キャリアに大別できる。

　ワーク・キャリアが，仕事・職業生活における変化・発達をとらえる概念であるのに対して，ライフ・キャリアは，家庭生活，余暇生活，地域生活，職業生活などの領域を含んだ，その人の生活全般における変化や発達を捉えようとするより幅の広い概念[1]である。

　日本においては一般的にキャリアはワーク・キャリアに偏重してとらえられがちである。しかし，児美川孝一郎が述べているように，本来キャリアとはむしろワーク・キャリア（働き方）と関連づけられたライフ・キャリア（生き方）であり，「職業としての仕事のみならず，家族生活，交友関係，ボランティアや社会的活動，趣味，地域住民としての活動などの経歴も―実は学習活動や学校に通うことも―，その人のかけがえのないキャリアを形成する」ものである[2]。

　そこで，本稿では，その人が人生の中で経験するあらゆる経験をライフ・キャリアとしてとらえ，特に青年期までのキャリア形成においては，ワーク・キャリアに先行して様々なライフ・キャリアを積んでいくことが，豊かなライフ（生・人生）を送る上で重要な鍵になるという立場に立つ。また，キャリアに関する意識的な学びの機会をキャリア教育と定義し，キャリアについて意識的／無意識的にふれていくことのできる機会を創出する支援のあり方をキャリア支援と定義する。そう考えると，社会教育領域でおこなわれているユースワークやリテラシー支援／実践や子ども・若者支援実践は広義のキャリア支援として位置づけられるようになる。本稿では，そのような子ども・若者支援実践を，子ども・若者のライフ・キャリアを支える支援として分析していく。

⑵ 日本におけるキャリア教育／支援の興隆

　1990年代以降若者の〈学校から仕事への移行〉をめぐる困難が広がる中で，2000年代はじめから若者の就労支援施策≒キャリア支援が日本でも展開されるようになった。〈学校から仕事への移行〉の困難の原因は産業構造の変化によるところが多いが，若者への支援はワークフェアを基調とし，エンプロイアビリティ育成による就労支援中心となっている[3]。

　教育分野では，中教審答申「初等教育と高等教育との接続の改善について」（1999年12月26日）で「学校と社会及び学校間の円滑な接続を図るためのキャリア教育」の必要性が提起されたことを皮切りに，「キャリア教育の推進に関する総合的調査研究協力者会議報告書」（2004年1月28日），「キャリア教育指針プラン」（内閣府，2007年）と政策的検討が重ねられ，2000年代に入ってから子ども・若者に対するキャリア教育が，特に学校現場において急速に広まり，定着していっている。しかし，2005年から全国の中学校でおこなわれている職場体験学習をはじめとして，現在おこなわれているキャリア教育は，全体的に職業に傾斜したキャリアの重視が目立ち，ライフ・キャリア全般に対する目配りは十分なされていないのが現状である。

2．子ども・若者支援実践におけるキャリア支援─NPO法人X の実践を手掛かりに

⑴ 研究の対象と方法

　本研究では，NPO法人X（以下X）の学習支援事業のスタッフを中心とした語りの検討を通じて，ライフ・キャリアの創造を支えるキャリア支援の内容とその底流にある価値について検討していく。

　Xは，1970年代に共同の子育て運動による学習塾として首都圏に立ち上げられた団体である。その後，学習塾に通ってくる子どもが不登校になるとフリースペースを立ち上げ，フリースペースに通う子ども・若者が社会につながっていく場として，地域とのつながりを形成しながらコミュニティベー

表1　NPO 法人 X　事業一覧

フリースクール事業部	フリースペース，ホーム・エデュケーション支援，居場所支援，塾事業
若者支援事業部	若者サポートステーション，居場所事業，職場体験事業，就労訓練事業
社会的事業部	コミュニティベーカリー，農場，DTP 事業
生活困窮世帯の子ども・若者支援部	生活困窮世帯・ひとり親家庭に対する学習支援・家庭支援・居場所づくり・訪問支援

（団体 HP 事業紹介ページ，最終閲覧2021年 5 月 1 日）

カリーや農場をはじめたり，都市部の立地をいかして印刷・出版会社と連携しながら DTP 事業（パソコン上で出版物・印刷物を作成する事業）を立ち上げるなど，地域性をいかしつつ，実践現場で出会った子ども・若者のニーズに応じて活動の幅を広げてきた。2005年以降は就労支援や生活困窮世帯に対する学習支援事業の委託を地方自治体から受託し，現在は職員約100名，ボランティア約100名で子ども・若者支援にあたっている。

　現在の X の事業については表 1 にあるように，フリースクール事業部，若者支援事業部，社会的事業部，生活困窮世帯の子ども・若者支援部の 4 つに分けられている。

　本稿において，X の活動をライフ・キャリアという視点から分析するのは，① X が学童期から若者期まで幅広い年齢を対象にした事業をしており，さらに子ども・若者に対し複数の事業にまたがりながら長期的な支援をするケースもあり，「人生行路」という意味でのキャリアの視点から分析するのにふさわしい，② X は狭義の学力，職業能力の獲得ではなく，幅広い経験や学習を位置づけた活動をしており，子ども・若者の成長発達をライフ・キャリアの視点から検討する事例としてふさわしいと考えるためである。

　子ども・若者のライフ・キャリアを支える支援に対して具体的にどのような価値や実践がなされているかを明らかにするために，半構造化インタビューを実施した。複数の世代・性別にまたがる職員からインタビューすることにより意見の多様性を担保することを企図し，以下のようなインタビュー協力者にインタビューを実施した。

	性別・年齢	インタビュー実施日
A 氏	男性，60代	2020年11月17日　10：00～12：00於 NPO 事務所
B 氏	男性，30代前半	2020年11月11日　12：00～14：00於 NPO 事務所
C 氏	女性，20代後半	2020年11月17日　18：00～20：00於 NPO 事務所
D 氏	男性，20代前半	2021年 1 月27日　14：00～16：00於 Zoom

⑵　子ども・若者の経験の豊饒化と多角的事業展開によるキャリアの支援

　Xでは多様で多角的な事業展開をすると同時に，ひとつの事業のなかでも様々な活動を実施している。そこで地域性や地域とのつながりをいかした体験や経験の機会づくりがおこなわれ，多様な実践の重なり合いの中で支援がおこなわれることにより，ライフ・キャリアが豊饒化されていっている。

　　学習の機会もそうだし，経験もそうだし，出会いだったり，いろんな機会を補償するっていうことに，地域ができることが多い。（略）いろんな体験，経験の機会もつくっていきたいなと思う（C 氏ヒアリング）。

　実際，Xでは複数の事業が相互にかかわりながら，多様な経験の機会が創造されている例は少なくない。たとえば，地域若者サポートステーションに来た若者が，居場所事業への参加を通じて場への安心感を深め，職場体験事業や就労訓練事業に参加するようになり，コミュニティベーカリーやDTPといった社会的事業にも参加するようになるというように，さまざまな事業が重なり合い，短期的にも長期的にも，複数の事業が交差しつつ，支援が実施されている。Xが子ども・若者と長期的・複合的なつながりのもとで支援をおこなっている例について，職員の A 氏は以下のようなものを挙げている。

・学習支援事業に来ていたが，学習支援卒業後に困難に直面し，他の事業を通じて再び X に関わるようになった卒業生が何人か存在している。

・40年やっていると，（昔来ていた子どもが：筆者注）母親になって，その子どもが更に X の事業に来ていることもある。

・母親の就労支援の対応中に，子どもに対する困りごとが話題にあがっ

て，子どもを学習支援につなぐことがある。（A 氏ヒアリング）。

　このような事例からは，X が横軸として多様な事業を実施し，縦軸として異なる年齢層を対象とした事業を長年にわたって実施していることにより，多角的かつ長期的な視野をもってそれぞれの子ども・若者のライフ・キャリアやワーク・キャリアの転換期に彼らとかかわることができるようになっていることがわかる。それにより，子ども・若者の経験の豊饒化と多角的事業展開によるキャリア支援が実現されているのだ。

(3)　団体 X スタッフが実践で重視する価値と目的─競争原理の克服と "自分で選ぶこと" の重視

　X は，団体の目的を定款で「この法人は，子どもや青年の健やかな成長を願い，市民の学びあいと文化創造の協同によって，子どもや青年のための癒しと学びの居場所をつくり運営し，青年たちの自立支援システムづくりとその運営を行い，もって競争原理を越えて一人ひとりが自分らしく輝ける，豊かなコミュニティーの実現に寄与することを目的とする」と定めている。そのような活動をしている X においてスタッフが重視している価値として，①競争主義的でないことと②自分で選ぶこと（自己選択）があげられる。

　　競争を煽らないっていうことがあるから，「誰々に勝て」とかそういう「成り上がれ」みたいな形の表現は，まずしない。それから，「そういうことをしてたら将来ダメになるぞ」とか，不安を駆り立てたりとか，脅しになるような言葉も基本的にはしない。というのも，学校の先生や親からいやというほど言われているからね（A 氏ヒアリング）。

　　自分で選んでほしいんですよね。中学 3 年生に志望校を聞いても「あー，ここでいいかな，友達いくし」とか言ってたり。でも，裏には「そこしか行けない」って思いがあったりする。（B 氏ヒアリング，傍点筆者）

　　テストの点数が 5 点10点あがることにたいした意味はなくて，いろんな人と関わる中で，自分の気持ちを言語化できたり，自分の好きなこと，したいことを自分で決められる，生きていくたくましさをつけてほ

ライフ・キャリアを支えるキャリア支援と社会づくり｜79

しい。(C氏ヒアリング，傍点筆者)

　そのようなまなざしを持つ大人に囲まれながらXに通い続けていくことによって，子ども・若者は「Xに来ることで，徐々に作っていた殻が破けていく。より自分らしさっていうのを，取り戻すっていうのか，それがまた新しく作っていくなのかわからないんですけれども，自分のありのままを，目指していいんだ」(D氏ヒアリング)と思えるようになっていくという。そして，それによって自分の価値基準のもとに自己決定していくことが可能になっていくのである。自分にかかわる事柄を自分で決めていくことができるようになることは，自分自身の価値基準のもとで自分のライフ・キャリアを決定できるようになっていくというキャリア支援であるともいえよう。

⑷ 「協同支援」というかかわり方

　Xが実施している学習支援では，①子ども同士，子ども—スタッフ間の協同，②〈支援〉というよりも〈かかわり〉と表現する方が適切なような関係性，③(空白期間も含めた)長期的なかかわりのもとに，学習支援というよりも「協同支援」といったほうが適切な実践がなされているという。Xで実施していることをD氏はこのように表現する。

　　　Xがやってる学習支援って，学習支援って言うのかなみたいな，なんかそういうような思いは正直ありますね。(略)「学習支援」というと成績向上であったりとか，良い高校，大学に行くためにっていうふうに，名前だけが走ってしまうなあっていうのはあるので，学習支援っていう言葉が自分は好きじゃないんですけれど(中略)協同支援っていうのが今すごくこう自分の中にはしっくりくるなあっていうような感じで。ひとりじゃなくて，二人以上，何人かで，共にこれからの自分や自分たちのことを考えていく？なんかそういったものっていうのが，協同支援っていうか。そのなかに学習支援ってのもはいってたりするのかなー。(D氏ヒアリング)

　具体的な「協同支援」の中身はというと，以下のように説明されており，スタッフと子どもがつながることをきっかけとしながら，子ども同士が協同

しあえるような関係性を形成していくことだといえる。

　　勉強っていうのはもちろん大事なんですけれども，それより前に，子どもたち同士つなげるために，まずはこうスタッフとその新しく来た子ども，対象者にアプローチかけていって，話をしていって，関係性築けるようになっていって，そこから，子どもたちがスタッフ以外の中学生であったりとか，高校生であったり，他者に向けてつながるように。そこらへんを通じて，（略）仲間意識といいますか，（略）ああ，あいつがいるから・あの人がいるから頑張れるなっていう，そいつに相談しようかなっていう，共に学ぶ共に育み合う成長し合えるような関係性を作っていきたいっていう狙いで，今やっています。（D氏ヒアリング）

　　家族になることはできないけど，一緒に何か時間を共有することはできる。人と一緒になにかをすることって楽しいなって感覚を味わってほしい（C氏ヒアリング）。

　そして，学習支援を卒業していった子ども・若者に対するまなざしは，もはや支援を超えて，ひとつの団体として，一人の大人としてかかわり続けたいというものになっている。

　　ちゃんと関係性築けたなと思う子は卒業後も顔を出してくれる。（略）ふらっと「今こうやって生きてるんだよ」って言える場所であれたらいい。（略）ちょっと頼れる場所になったらいいな。（C氏ヒアリング）。

　このようにスタッフが考える理由として，社会を共に生き，共につくっていく仲間として子ども・若者を遇したいという気持ちがあると考えられる。

　　息の長い支援というかかかわりが必要。でもそうなってくるともう支援じゃないと思う。将来一緒に働けるような人になって欲しい。そういう形で僕らは彼らと関わってきたけれど，そういうところがもっとたくさんたくさん必要なんだと思う。（略）困難に出会ったときに話ができたりとか，社会に入った時に会社に入った時に，「こんなんやってらんねぇよ」っていう話をしたりとかね。（略）僕らは高校受験や大学受験で終わらない支援を，支援というかかかわりをもっともっとしていかなきゃならない。（A氏，ヒアリング，傍点筆者）

　Xでは，子ども・若者と都度都度の実践においても将来的にもパートナー

として共に実践をつくり，共に生きようとして，支援を超えたかかわりを志向している。「支援─被支援」の関係は簡単に拭い去れず，立ち位置は異なるがそれぞれの立ち位置を尊重し，全員を実践者としてとらえようとする「協同」の思想は，自分の課題を「われわれ」のものとしてとらえその共同性に依拠した共同学習と通ずるものをもっており（穴澤・福永・矢口2017），Xでの実践は社会教育実践の連なりの中に位置づけられるものといえる。

(5) 社会問題の発信拠点としてのX

同時に，Xでは，Xにやってくる子ども・若者の状況について発信し，問題提起していく必要性についても強く意識している。

> 子どもの勉強も，家庭の問題も全て自己責任だというふうにいうけれども，そんなことはない。それはやっぱり社会的な問題だと最近すごく痛切に感じる。（略）そういうことが，やっぱりちゃんと発信できる場所でありたいしそういうことに対して，もっと最初からそういう差を含めてどうやっていかなければいけないのか，社会の問題として子どもたちやそういう貧困の問題に関わっていかないといけないと思う。（A氏ヒアリング，傍点筆者）

個人に対して支援をする時，一般的には個人の側の属性や責任が問われ，社会の側を問う視点が弱くなりがちである。しかし，個人のキャリア支援を行いつつ，同時に社会の側に対する働きかけも行っていくことは，子ども・若者自身のキャリア支援のみでなく，彼らが生きていける社会を同時につくっていこうという姿勢として非常に重要な点である。Xは，若者支援・当事者の中間支援組織である若者協同実践全国フォーラム（JYCフォーラム）に設立当初から参画するなど，子ども・若者の状況について社会に対して発信を続けており，目の前の子ども・若者に向けた支援と社会への発信の両方を実施し続けている。

3．ライフ・キャリアを支える支援の課題と方向性

⑴　若者の社会教育における研究課題とライフ・キャリア支援

　これまで，Xの活動とスタッフの語りから，ライフ・キャリアを支える支援の内実を検討してきた。そこから見えてきた課題を考える際，鈴木敏正が包括的な若者支援政策において今後発展させるべき研究的課題として挙げている①個人的権利を前提にしたシティズンシップの視点の意義と限界，②若者を関係論的視点からとらえる必要性，③地域の視点の欠落を埋める，④直接的に青年に働きかける地域教育（訓練）実践の視点の必要性，という提起は示唆深い[4]。以下，鈴木の指摘に沿って，ライフ・キャリアを支える支援の方向性について提言していく。

①個人主義的教育観の限界を超え，協同を創造するキャリア支援へ

　鈴木は，若者支援政策の目指すべき価値として，就労を通じた自立とシティズンシップの獲得が存在しているものの，それは個別化・孤立化した個人主義的な捉え方であることを指摘している。そのため，社会教育実践で蓄積されてきた集団的活動を通しての自立過程を含みこむことができるよう，シティズンシップ論を批判的に乗り越える必要性を述べている[5]。穴澤・福永・矢口による座談会でも共同学習と子ども・若者支援における協同支援／実践の共通性が指摘されていることに鑑み[6]，子ども・若者支援を個人主義的教育観の限界を超え，協同を創造するキャリア支援として捉え直し，子ども・若者が大人になっていく際に必要な要素の内実としていくことが求められるであろう。

②キャリア教育における関係論的視点の重視

　人は他者との関係性のなかで自分を確認し，自分の将来の方向性を定めていく。そのため，キャリア教育実施に際して，彼らが誰とどのような関係性を築き，そこからどんなロールモデルの存在を学び，自らのキャリアをどの

ように捉えるようになっていったのか，ということがより重要になってくる。そのため，キャリア支援実践を関係論的に把握していく必要がある。

③地域性に応じたキャリア支援プログラムの重要性

そして，子ども・若者同士や職員との関係性を関係論的にとらえるためには，その舞台である地域社会が彼らとの実践にどのような影響を与えているかを検討せねばならない。都市部と山村部とでは，大人との出会いのデザイン方法やそこでの課題は異なるだろう。「一般化」の方向だけでなく，地域性をいかした「多様性」に対応したキャリア教育が重要になってくる。

④教育実践の内実に即した，希望を現実化しうる社会改革を

2000年代以降若者支援や子どもの貧困対策の国の委員会への現場職員の参加は一般化し，政策化は進んでいるが，一方で政策化の過程や政策制定後の制度変更により，「事業の成果が就労達成率などで測られ，政策基調と実践理念との少なくないズレ」も生まれている[7]。その政策が社会の実態や支援現場の現実に即したものとして子ども・若者のライフ・キャリアの豊饒化に寄与するものになるためには，教育実践の内実を明らかにし，そこから政策の共通了解を形成していくことが求められるだろう。数値化された事業評価を重視する流れは変えがたいが，その流れに抗う実践過程の分析に基づく政策評価の動きと，そこから一人ひとりの子ども・若者の希望を実現しうるような社会変革を志向していく必要があろう。

(2) 実践の仕様を「ずらす」という戦略の限界

近年の子ども・若者支援における行政の委託事業の広まりは，その活動に限界もうみだしている。Ｘでは，たとえば，学習支援事業の中で小学生への実験の実施や夏休みのキャンプをはじめとしたさまざまな経験の機会を創造している。それは，「学習支援」という政策的枠組みの仕様からは離れるものの，単に学力をあげるだけでなく，経験というキャリアを積み重ねていくことを通じて，人生の方向性を支えるような大きな意味を持つと考えられ

る。そのように，行政の委託を受ける際に仕様を超えた活動をおこない，事業の目的として掲げられた内容を超えて，仕様を「ずらす」ことをしながら，自分たちが求める支援や教育活動を実施している団体は少なくない。

　しかし，近年，民間企業が公的学習支援や就労支援の入札に手をあげるようになる中で，支援の質が軽視され価格重視で委託事業者が選定され，子ども・若者支援は市場化しつつある[8]。

　前項で希望を現実化しうる社会改革のために，教育実践の内実に即した政策評価の動きをつくりだすことの重要性を指摘した。そのためには，学力向上という仕様をずらしながら，多様な経験や子ども同士の関係形成を支援の肝とするのではなく，多様な経験や子ども同士の関係形成それ自体を価値として提示できるようなプログラムデザインや政策評価の仕組みが求められるだろう。公共調達自体がもつ限界性を自覚するとともに，自らの実践が行っている活動の価値を伝える工夫をより丁寧に実施していくことを通じて，仕様自体を変えていくような働きかけが求められる。

おわりに

　ここまで，Xでの実践の検討を通じてライフ・キャリアを支えるキャリア支援と社会づくりの様相を明らかにしてきた。子ども・若者の実践において，子ども・若者のライフ・キャリアを豊饒化する取り組みは，協同性・共同性をもった取り組みであることが重要なカギになっており，キャリア教育においてもその目的を個人主義化させるのではなく，協同性／共同性をもった営みへとつないでいくことが求められる。それは，若者たち同士を結びつけ，学習や活動を通して若者を地域コミュニティや社会に結び付けていく共同学習の営みと重なるものである[9]。今一度様々な子ども・若者支援実践をライフ・キャリアを豊饒化する社会教育実践としてとらえ直し，協同性・共同性のもとでの育ちと学びを位置づけることが重要である。

【註】
1 ）川崎友嗣「キャリア」田尾雅夫編『組織行動の社会心理学』北大路書房，2001，p.54.

2）児美川孝一郎『権利としてのキャリア教育』明石書店，2007年，pp.72-74.

3）乾彰夫「労働・コミュニティからの排除と若者支援」日本社会教育学会年報編集委員会『労働の場のエンパワメント』東洋館出版社，2013年，pp.58-59.

4）鈴木敏正『教育の公共化と社会的協同——排除か学び合いか——』北樹出版，2006年，pp.72-74.

5）同上，p.73.

6）穴澤義晴・福永晃仁・矢口悦子「『共同学習』と『協同実践』が織りなす可能性」『月刊社会教育』2017年10月号.

7）南出吉祥「若者の生きづらさに抗する『協同実践』の展開」『月刊社会教育』2017年10月号.

8）たとえば，山本宏樹「生活困窮者向け公設学習支援はどこへいくのか」『教育』2020年5月号など。

9）乾彰夫，前出，pp.64-65.

社会教育職員が「働く意味・生きる意味」を獲得するとき

―非正規職員の〈当事者性・学習者性・住民性〉に関する考察―

井口 啓太郎・鈴木 麻里

1．問題意識

　本稿は社会教育職員がその労働を意味づける契機や職業的なアイデンティティの獲得に関わる省察を通じて，公的社会教育の場で働く・生きる意味を検討することを目的とする。本稿における社会教育職員とは，社会教育主事の任用資格を持ち，主に公民館での職業キャリアを比較的長く有する私たち（井口・鈴木）の経験に即した議論として主に社会教育主事や公民館職員を念頭に置いている。また，私たちは所属する自治体は異なるが，東京都多摩地域の公民館職員の研修づくりや自主的な学習会で一緒に活動してきた。本稿は1，2，4を井口，3を鈴木が分担しているが，執筆者間でそれぞれの職員としての経験，自らの人生や職業観について共同討議を積み重ね各担当原稿がまとめられたことを予め記しておきたい。

　私たちの問題意識は，そもそも「社会教育職員」という職業人生が自明なものではない，という認識から出発した。たとえば学校の教師は，例外的なキャリアは多様にありえようとも，基本的には「生涯の職業」として社会的認知が定着していると言える。その意味は職業と担う人の人生が一生涯を通じて重なるということである。それに比べ，社会教育職員は，制度上の職種が存在していても，人事異動などによる短期的な交代可能性が想定されてい

るため，それを担う人は「生涯の職業」にならない場合が多い[1]。これはその人の人生において「社会教育職員」というアイデンティティが構築されにくくなることも意味している。特に社会教育主事や公民館主事は，図書館司書や博物館学芸員に比して専門性や社会的認知が明確に定まっていないし，また社会教育関連職種に共通して「生涯の職業」としての就労機会や雇用継続が，近年より不安定・不確実になっている。

　そうした幾重にも周辺的な職業形態であるからこそ，これまで社会教育職員の専門職としての社会的・制度的確立の根拠となる専門性がさまざまに論じられ，養成等の在り方が繰り返し検討されてきた。他方，職業として不安定・不確実な現実のもとで「社会教育職員として生きる」とはどのような経験なのか，そして社会教育職員の働く・生きる意味とはいかに獲得されうるのか，といった職員自身にとってより根源的な問いは，十分に検討されてこなかったように思われる[2]。専門職のための専門性論を超えて，職員個人の「生」のリアリティと社会教育の「しごと」が重なっていく実践的な営みから社会教育労働の本質に迫ろうとする試みが求められているといえる。

2．先行研究と考察の枠組み

　この問いに向き合う際に注目したいのは，労働条件上の課題があるにも関わらず，むしろ実践の評価や働きがいをつかんでいく非正規職員[3]の存在に着目する議論である。一部の社会教育職員研究は，非正規職員に焦点化することで，主流の社会教育職員論が正規公務員・常勤（専任）・専門職の制度的条件を最良としてきた社会教育職員の在り方を問い直してきたといえる。それらの議論が提起する視点は，以下三点に整理できるだろう[4]。

　第一に，非正規職員が現に公民館をはじめとする社会教育施設の現場を中心的に担い，活躍している実態に目を向ける視点。第二に，男性中心の正規職員と大きな格差のある労働条件のもとで主として女性が担っている非正規職員のジェンダー問題を捉える視点。第三に，非正規職員が有しているとされる「生活者」や「住民」，「学習者」としての側面へ着目する視点である。とりわけ目を向けたいのは，「生活者性」や「学習者性」，「住民性」に関

生活で培われる要素			労働で培われる要素		
当事者性	学習者性	住民性	労働者性	専門性	権力性
自律的					依存的
主体的		相対的傾向			不可避的
情緒的					官僚的

図：社会教育職員のアイデンティティの構成要素に関する概念的整理（筆者作成）

する議論において，生活や人生の経験，学習者の視点などが社会教育の仕事の質に強い影響を与えうることが示唆されている点である。この点に早くから着目した遠藤知恵子は，「家庭との両立の課題を抱え，女性としての困難を抱えつつ仕事を遂行していかねばならない立場」の女性公民館指導員の有する「生活者の視点」が公民館事業や行政システムに新たな視点を提起していることを指摘している[5]。このことは，女性非正規職員の生き方やその葛藤，それらが反映される社会教育実践などに，公務労働におけるジェンダー構造に起因する生きづらさ・働きづらさを背景とした〈当事者性・学習者性・住民性〉が色濃く立ち現れてくることを示唆している。

　そこで次節では，会計年度任用職員の公民館専門員として働く鈴木が自らの職員以前のキャリアや職員になるまで，さらには生活に即した実践経験や自己形成などを省察する。なお，考察の枠組みとして，先行研究などの知見をもとに，社会教育職員としてのアイデンティティ構築に影響を与えると思われる職員自身が培ってきた要素を構造化する整理を図の通り試みた。女性非正規職員の事例から，図の〈生活で培われる要素〉としての〈当事者性・学習者性・住民性〉に焦点化した検討を次節以降の課題とする。

３．公民館専門員の〈当事者性・学習者性・住民性〉

(1)　学習観の転換

　私（鈴木）は，現在，公民館で働きながら大学院で，「学習を組織化する

社会教育職員が「働く意味・生きる意味」を獲得するとき｜89

コーディネーターの専門性とその力量形成」をテーマに学んでいる。ふり返ると、今に至る私の「学び」には、いつも差し迫った動機があった。

美術大学で工業デザインを学んでいた学生時代、指導教員も私の婚約者も「女性は結婚したら家庭に入るもの」という世間の風潮を全く疑っていなかった。「この二人の男性の認識を変えなければ、私は卒業も就職も結婚もできない」と焦り、花崎皋平の「食べ物の問題や子育ての問題、男と女の対等な関係などをさぐるなかで、自前の文化や自前の教育―相互教育―をめざす一つの潮流」[6]に触発され、卒業制作[7]として「性別役割分業について考えるための相互学習教材」を試作し提案した。

これが「学習によって自分と周りの人の思い込みを揺さぶった」私の最初の体験となった。その後、「解るということはそれによって自分が変わるということ」[8]だと阿部謹也の本で知った。今ふり返れば、卒業制作での経験は、私に「わかるとは、知識を詰め込むことではなく、変わることなのだ」という「学習観の転換」をもたらしたのだと気づいた。

⑵ 「学習者」と「学習を組織化する者」との往還

念願叶い、新卒から10年間工業デザインの分野で働いたが、出産後、仕事復帰が叶わず、仕事に注いだエネルギーを全て子どもに向けた。子どもの「ママ、見ないで」という言葉で自分自身の過保護ぶりに気づかされ、「子離れしなければ」と保育付き講座に飛びついた。当時、私が参加した講座の記録集に、「出産後は、しょせん女性の労働力なんて好・不況に左右される社会の安全弁だと刹那的になっていた。講座に参加して"やはり仕事は自己実現"と意識が変わってきた。たとえ無報酬でも自分のプラスになる仕事なら何でも引き受けたい」、その一方で「家事は私がやった方が早いしうまいし、なかなか夫を信用して任せられない」と、私の「学習者」としての気持ちのゆらぎと本音が記されている[9]。

この受講をきっかけに、保育付きの啓発講座や女性相談等を行う地元の女性関連施設（以下、女性センター）で講座に関わる非常勤の職を得た。定期収入はありがたかったが、仕事と家事の二重負担、仕事の評価への焦りや雇

止めの不安などは辛かった。共働き世帯数が専業主婦世帯数を上回ったのは1997年頃だった。世の中はいつの間にか「男性は仕事，女性は家庭」から「男性は仕事，女性は仕事と家庭」へと変わっていた。

　女性センターの講座の人集めに苦労したとき，「どんな講座に人が集まるか」「どんな人が講座を企画・運営しているのか」知りたくて，女性センターやNPOが主催する女性対象講座を手当たり次第受講した。パソコンスキル，アサーションなどのコミュニケーション，両立支援や労働法，DVやハラスメントなどの人権問題，メンタルケア，起業セミナーなど，「女性のための○○」というタイトルに迷わず申し込み，休日を潰して出かけた。そこでは学習のテーマや内容に加え，担当者がどんな声かけをしているか，気づきを共有するための工夫など多くを学んだ。「講座への参加」と「講座の企画・運営」とをせわしなく往き来しているうちに，「メビウスの輪（表と裏がつながっている帯状の環）」のような回路が生じた。「学習者」と「学習を組織化する者」という異なる立場は私のなかで表裏一体と化しており，それを「ワーク」か「ライフ」かに仕分けることは，今も難しい。

　「女性のための○○」という講座をたくさん受講するなかで，NPO法人サポートハウスじょむ（以下，サポートハウスじょむ）[10]という女性支援の団体と出会った。サポートハウスじょむでの学びは，「一人も取りこぼさず学習を組織化する」ため数々の工夫がなされ，「共同で学び合うことから気づきを得て，思い込みが揺さぶられ，意識が変わり，人や社会に対する認識が変わり，行動が変わっていく」という構造を持っていた。ここでの学びは，後に転職した公民館で「わかるとは変わること」という学習観を実践に移す際の大きな原動力となった。「変わる」とは「自分だけが変わる」のではなく，「自分をとりまくさまざまな関係性が変わる」ことだとも気づかされた。

(3) 「意識化」を促すファシリテーターの役割

　「一人も取りこぼさず学習を組織化する」ためのさまざまな工夫は，サポートハウスじょむのファシリテーターによって担われていた。参加女性が漠然と「なんか変だ」「なぜか生きづらい」と感じていたものが，話し合い

のなかでファシリテーターの力を借りて言語化されていった。「女性は男性に養われる存在だから，低賃金でいいのか」「離婚したら暮らせないから，夫の機嫌を損ねないように我慢するのか」…，そして，雇い止め，賃金不払い，職場や家庭でのハラスメントや暴力，子育てや介護の悩み，セクシャリティなど人権に関わる問題など，一人一人が抱える困難は別個に見えて，実は「女性として生きる」ことで生じる社会との軋轢と，生きづらさ・働きづらさは根っこでつながっていると気づかされた。

　大学院でパウロ・フレイレについて学んだとき，サポートハウスじょむでの経験がよみがえった。フレイレは「…被抑圧者自身が，調整者（コーディネーター）の助けをかりながら，対話と学習を媒介にして被抑圧状況を対象化し，その状況を自覚的，主体的に変革してゆく，実践と省察…の過程を〈意識化〉と名づけた」[11]。「調整者（コーディネーター）」とは，サポートハウスじょむの講座では法人の運営委員も兼ねたファシリテーターにあたるだろう。男性中心社会における被抑圧者である女性たちが，ファシリテーターの助けを借りながら，分断されることなく安心・安全に語り合うことで被抑圧状況を対象化し，その状況を自覚し，自分と自分をとりまくさまざまな関係性を変えていく実践と省察のプロセスもまた，〈意識化〉への一歩と呼べるのではないだろうか。

⑷　生きづらさ・働きづらさを抱える「若年独身無業女性」との出会い

　サポートハウスじょむの特徴は，学習を重ねた先にファシリテーターとして「学習を組織化する」役割を担っていくためのプログラムが用意されているという点にある。私は2008年から学習を重ね，2011年にサポートハウスじょむの「自己尊重トレーニングファシリテーター養成講座」を修了し，ファシリテーターとしての一歩を踏み出した。

　2012年，サポートハウスじょむが受託した自治体の就労支援事業の一部の「若年独身無業女性」対象の「お話し会」に，私はファシリテーターとして派遣された。彼女たちの「新卒から非正規雇用の仕事しかなかった」「なぜ正社員になれないの，なぜ結婚できないのと，毎日，親に責められ辛い」

「ブラック企業まがいの苛酷な職場で心が折れた」という声が突き刺さる。私が正社員として働いたバブルの時代から約20年で，世の中はすっかり変わっていた。私自身も生きづらさ・働きづらさを抱えてきたが，彼女たちのそれとは質が異なっていた。私の生きづらさは話し合いを通して，社会や夫に向かう「怒り」として言語化され，参加者どうし共感し合うことで生きるエネルギーに転換することができた。しかし，彼女たちが発していたのは，理不尽な社会に対する不信や失望が入り混じった自分を責める言葉だった。

　いつ頃から，だれによって「自己責任論」が語られるようになり，どのように人々の意識や価値観，行動を支配するようになってきたのか。この経験が，転職後の公民館で女性や若者の生きづらさ・働きづらさに焦点をあてた講座を企画・運営することにつながった。

(5)　〈当事者性・学習者性・住民性〉を活かしあう職員集団

　私は2013年に「社会教育主事講習」を修了し，同時にバスで市外から通う公民館専門員（以下，専門員）となった。市内には複数の公民館があり，合計24人の専門員が職員集団を形成し，それぞれの興味関心を基盤に主体的に講座の企画・運営にあたっていた。専門員は，女性センター職員と比べて講座のテーマや予算執行，施設運営に関わる提案や決定などの裁量が大きい。専門員全員が「労働組合」に加入していること，非正規雇用であっても「特別執行委員」として毎年数人が組合活動に携わっていることも影響しているだろう。この土壌があったから，私は不登校やひきこもり，非正規・不安定雇用，摂食障害など，さまざまな生きづらさ・働きづらさを「自分のテーマ」として焦点化していくことができた。

　一方，専門員は地元在住の子育て中か子育てを終えた女性が大半で，私は彼女たちのように地元に詳しくなりたい，地域のNPOや当事者を含むネットワークとつながりたいと必死だった。地域を知ろうと休日も講座のチラシを手に「子育てサロン」や「ケアラーズカフェ」などに顔を出した。そして地域に小中学生や外国にルーツのある子どもたちに無償で学習支援を行う団体や，高齢者が気軽に立ち寄れるサロンがいくつもあることを知り，住民で

はない立場だからこそ，地域資源の潤沢さに気づくことができた。

⑹　講座から発足したサークルとの関わり

　私は，不登校やひきこもりの当事者や当事者家族が，地域で孤立することなく暮らせることを目的に，連続講座として「困難を生きる力に変えるヒント」（2014〜2017年），「自分の（家族の）トリセツ研究講座」（2016，2017年），「地域から孤立をなくすヒント」（2018年〜）を長期にわたって続けてきた。地元のNPOや団体等と連携して企画した講座を通して，障害のあるお子さん，不登校やひきこもっているお子さんを持つ母親たちと出会い，学習者である母親たちから私自身多くを学んだ。講座の作りも「座学中心」から「話し合い中心」に変わってきた。ある講座の話し合いでは，「ひきこもりは悪いことなのか」「こうあらねば，という価値観が親にも子にも内在化している」などの声が次々とあがり，参加者の気づきが互いに共鳴しあった。そして，参加者アンケートの「"こうあらねばならない"という自分自身の既成概念を乗り越えてくことは，思っている以上に大変だ，とあらためて感じた。ひとりではできない。だからこそ"場"と"安心して語りあえる仲間"が必要なのだ」という声に，私の思いが言語化されたと感じた。

　担当講座から，3つのサークルが発足し，それぞれ4〜5年になる。これらのサークルが近隣の人々に開かれた活動を始動し，サークルどうしの交流が生まれ，現在は，人と情報が行き交うゆるやかなつながりが地域の中に編み出されている[12]。講座を通して知り合った市民が，「スマホが壊れて困っている」「自分史を書いたから読んでほしい」「助成金を申請したいので相談したい」と公民館に顔を出してくれる。現在はこうした声に寄り添いながら，地域の人的ネットワークにつなげていくという役割が「学習を組織化する」役割の一つに加わった。地域の困りごとが次の学習のタネとなり，人と人とのつながりが私自身の学びのエネルギーとなっている。

　転職しても家にじっとしていられず「家事責任」も「家計責任」も中途半端な同居人を家族はどう思っているのか，今も怖くて聞けずにいる。女性センター時代は「所詮パートの仕事だ」と割り切れずに苦しんだが，現在は

「学習者」と「学習を組織化する者」という「メビウスの輪」を駆け回ることが社会教育職員としての私のアイデンティティだと思えるようになった。

4．まとめと今後の課題

　以上の記述から〈当事者性・学習者性・住民性〉についてまとめたい。鈴木はかつて自らが形成してきた「学習観」を別稿で以下の4点にまとめている[13]。

　　① 「学びたい」という発端に，当事者としての思いがあること
　　② 「教える／教えられる」という一方向の学びでは無く，学ぶ側（参加者）から学ぶこともあること（学び＝学びあい）
　　③ 学ぶ側（参加者）がいずれ学びを提供する側になること
　　④ 学びを提供する側にも，学び続ける場があること

鈴木の省察の起点は学習者としての経験であった（上記①）。出産による離職後の子育て中に保育付き講座で学んだ経験は，女性センター職員になった後のサポートハウスじょむでの女性たちとの学びや社会教育主事講習における学びへと発展した。社会教育職員が「学習を組織化する」役割を担いながら，同時に「学ぶ側（参加者）から学ぶ」関係を構築（上記②）できるかどうかは，この「学習者性」の有無に関わるだろう。また，「学習者」から「学習を組織化する者」になっていく（上記③）なかで，学習者と社会教育職員の立場を行き来する「メビウスの輪」における循環過程（上記④）が「社会教育職員としての私のアイデンティティ」を形成する。つまり，社会教育職員の「学習者性」は，「学習者―支援者」関係の共同や反転を産み出す源泉でもあり，専門職としての自己形成の条件として捉えられる。

　確認しておきたいのは，いわゆる研修などにおける「社会教育職員としての学び」と「生活者としての学び」の区別である。鈴木が社会教育職員となった後も「学習者性」を持ち続けられたのは，自らの女性としての苦い経験や課題意識が強い影響を与えている。念願だった仕事継続の断念，子育てをめぐる葛藤などの当事者として「差し迫った動機」で学び，「一人一人が抱える困難は別個に見えて，実は『女性として生きる』ことで生じる社会と

の軋轢と生きづらさ・働きづらさは根っこでつながっている」ことを捉えていく。こうした社会と自分の問題をつなげた相互的な共感によって，社会教育職員としての働く・生きる意味の内実が形成される。この側面を本稿では「学習者性」と区別して「当事者性」と呼ぶ。ここでいう「当事者性」とは，たとえば，職員がある講座を企画する時，扱う学びのテーマや中身に自らの問題意識や生活者としての認識を反映させていくこと，あるいは学習者と関わる時に仕事としての責任を果たしながら，同時に共に学び，個人の考えを述べたり議論したり，時に一緒に悩んだり苦しんだりすることである。

　鈴木が自らの状況を変えていくために培ってきた「当事者性」は，講座の企画・運営における「座学から語り合いへ」「講座からサークルへ」といった「学習観」の変化にも現れている。鈴木自身の生きづらさ・働きづらさの実感や経験は，社会的包摂に向けた地域のネットワーク形成とともに，当事者や当事者家族との学びや「新たな関係性」へ結びついていく。

　このような鈴木の社会教育職員としての生き方は事例として特殊だろうか。もちろん「仕事だから個人の思いとは異なる」と割り切る生き方もあるが，それでは社会教育職員として働く・生きる意味を見いだすことは難しい。本稿で見てきたことは，「生」のリアリティと職員としての実践が重なって形成された「当事者性」が，働く・生きる意味を支えていく一つの「物語り」である。本論はその意味で職員の生活と労働を統合的に捉えるナラティブ・アプローチの試みでもある[14]。

　最後に今後に残された検討課題に言及する。

　第一に，非正規職員の労働問題に向き合う主体はいかに形成されるか。会計年度任用職員の制度化以降も，非正規職員の労働問題は解決に向かっていないことが指摘されている[15]。一方，非正規職員の労働条件が「問題」として扱われる回路は極めて少ない。こうした現状において本論が働く・生きる意味だけを強調することは，「やりがい搾取」の構造温存に加担しかねない。ただし，非正規職員の生き方は，いつも受動的に「仕方なく」その生き方に追いやられているわけではない。「仕方なく」の面があっても，「仕方なく」も逆手にとった自律的な生き方を包括的に理解していく必要がある。これに関連して今回議論できなかった「労働者性」の検討は重要になる。

第二に，正規職員に比べ非正規職員が〈当事者性・学習者性・住民性〉を
より色濃く有しているとすれば，それはなぜか。遠藤知恵子は「官僚制化の
進行した現代社会においては，制度的に行政に位置づけられた職員は，専門
職といえども，そのシステムに規定された側面を強く持たざるをえず，相対
的に自立した立場にある職員（公民館指導員—引用者補足）とではその関わ
り方はおのずから異なってくる」[16]と指摘する。社会的分業の高度化や専門
職の制度化による弊害から社会教育専門職も免れることはできない。システ
ムに統合される過程で不可避な「権力性」の自覚が重要ではないか。社会教
育主事などの正規職員が実践からボトムアップで組織的に施策化・計画化を
実現していく「権力性」の可能性もある一方，非正規職員や住民を抑圧して
しまう非対称の関係性に無自覚な「権力性」もまたありうる。

　第三に，そうした課題を乗り越えるために，職場内外における職員同士の
集団性，住民との共同性をいかに構築できるか。社会教育職員はさまざまな
生き方，バックボーンのもとで，異なる「自らのアイデンティティ」を獲得
していく可能性を持っている。そのために，それぞれの葛藤を含む経験を省
察できるコミュニティや価値を共有したネットワークの存在とその創造が重
要になるだろう。

【註】
1）近年の動向，養成と採用・任用のミスマッチの問題などについては，越村康英「社会
　教育主事・公民館主事制度をめぐる現状と課題」（『月刊社会教育』2021年5月号，旬報
　社，pp.4-9）などを参照。
2）たとえば，若原幸範・松本大・小野瀬剛志・斉藤雅洋・早尻正宏「『社会教育労働を
　担う若者』研究に向けて」（『社会教育研究』30巻，2012年，pp.71-84）や松本大「社会
　教育職員として生きる：ある社会教育主事のライフストーリー」（『弘前大学教育学部紀
　要』第115号，pp.135-144）などは，その例外として示唆的である。
3）本稿では2020年度からの会計年度任用職員制度施行を踏まえた表現にする意図，指定
　管理者制度における施設職員等も含む意図から，「非正規職員」と表記する。
4）主に参照した文献は以下の通り（出版年順）。遠藤知恵子「公民館における女性指導
　員の位置と役割」（『弘前学院大学一般教育学会誌』16号，1996年，pp.1-16），辻浩

「現代的人権と社会教育労働の展望」（日本社会教育学会50周年記念講座刊行委員会『現代的人権と社会教育の価値』東洋館出版社，2004年，pp.311-325），平川景子「社会教育指導員の役割と展望」（『明治大学人文科学研究所紀要』59巻，2006年，pp.149-165），鈴木眞理「社会教育における非常勤職員とボランティアの位置」（『生涯学習・社会教育研究ジャーナル』2号，2008年，pp.201-220）など。

5）遠藤知恵子『追補　現代の公民館：地域課題学習と社会教育施設』高文堂出版社，1996年，pp.202-232.

6）花崎皋平『生きる場の哲学：共感からの出発』岩波書店，1981年，p.176.

7）齋藤麻里・服部桂子「食環境を考える」（武蔵野美術大学造形学部基礎デザイン学科1984年度卒業制作，1985年）。

8）阿部謹也『自分のなかに歴史をよむ』筑摩書房，1988年，p.17.

9）『平成14年度男女共同参画推進のための講座　自分らしく生きる「専業主婦」の本音と建前　講座記録集』調布市生活文化部市民参加推進室男女共同参画推進係，2002年，p.64, p.77.

10）2000年に和解解決した東京セクシュアルハラスメント裁判の支援者たちによって，原告女性の「昼間安心して過ごせる場所がほしい」という声を受け，2002年に開所。女性のためのカウンセリングや独自のワークショップなどを実施し，2017年に閉所。

11）小沢有作・楠原彰・柿沼秀雄・伊藤周「解説」パウロ・フレイレ『被抑圧者の教育学』亜紀書房，1979年，p.261.

12）鈴木麻里「放っとけない！女性や若者の生きづらさ，働きづらさ，孤立」『社会教育職員研究』27号，全国社会教育職員養成研究連絡協議会，2020年，pp.22-33.

13）鈴木麻里「公民館で女性や若者の生きづらさと向きあう：講座『困難を生きる力に変えるヒント』の事例から」『労働法律旬報』1876号，一橋大学フェアレイバー研究教育センター，2016年，p.38.

14）たとえば，荻野亮吾「公民館職員の『専門性』へのナラティブ・アプローチ」（『日本公民館学会年報』8号，2011年，pp.40-50）や添田祥史「社会教育職員が実践を語ることの意味」（『月刊社会教育』2012年4月号，国土社，pp.21-25）などを参照。

15）竹信三恵子・戒能民江・瀬山紀子『官製ワーキングプアの女性たち：あなたを支える人たちのリアル』岩波書店，2020年。

16）遠藤知恵子，前掲書，p204.

人材育成に対する
社会教育的アプローチの再検討
―女性管理職研修を題材として―

堀本　麻由子

1．課題

　本稿の目的は，企業人[1]を対象とした人材育成に関する社会教育研究の蓄積を踏まえ，特に女性管理職を対象にした研修事例の検討から，人材育成と社会教育の接合点を探究することにある。

　戦後の社会教育研究においては，企業内教育，技能者養成，労働組合の教育事業，職業訓練校などの労働や職業に関する研究蓄積があった。たとえば1970年代に倉内史郎 によって管理者教育，OJT の検討から企業内教育の内実に迫ろうとした労働者教育研究の試みがみられた[2]。また，大串隆吉は，人としてふさわしい生活をおくる主体となるための労働者教育の重要性を強調した[3]。しかし，企業が主体の教育では，「自由な学習」が阻害されることから人間の生涯発達を保障する教育・学習活動は望めないという考え方が一般的であり[4]，今日まで企業人を対象にした教育・学習研究の十分な展開はみられない。

　他方，労働と生活の「標準」が解体し，働くことと生活することの間で，問題の折り合いを見いだすことさえも困難な状況が深刻化している。とりわけ，女性管理職は日々の仕事と生活の間において，綱渡りのような日々を過ごし，何とか折り合いをつけながら生活している。よって，彼女たちが組織

の枠組みを超えて，自分自身や他者の立場を理解する中で，企業人かつ生活者としての学習が行われる社会空間（social space）[5]を構築するために，社会教育的アプローチによる学習機会を，いかに担保するかが検討すべき重要な課題といえる。このような働くことと生活することを一体的にとらえる教育・学習活動に支えられた生涯発達を保障する学習機会は，研修主体があらかじめ到達目標を設定した研修では限界があり，もはや企業が主体の研修，社会教育機関が主体の研修のどちらかのみでは提供できない。

　そこで本稿では，企業で働く女性管理職を対象にした研修を題材とし，企業人かつ生活者としての学習を保障する社会空間の特質を明らかにする。

　まず人材育成に対する社会教育研究の動向を，仕事と生活の統合的な学習という観点から概観し，その上で，企業で働く女性管理職を対象とした研修の学習内容と社会空間の形成プロセスに内在する学習機能について考察する。具体的には，国立女性教育会館（以下，NWEC）主催の研修を対象に，女性管理職が学習することの意義を，とりわけ組織の枠組みを超えた，働くことの意味を問い直す場としての研修の特質に着目することによって，人材育成と社会教育の接合の可能性を検討する。

２．社会教育研究における人材育成への視点
―仕事と生活の統合的な学習―

　日本社会教育学会プロジェクト研究『労働の場のエンパワメント』（2010-2012）では，男性稼ぎ主モデルの枠組みを超えた働き方の検討がなされた。労働者個人ではなく，労働の「場」に焦点をあてたエンパワメントのあり方についての議論がなされた。そして，労働の場のエンパワメントを論じる際には，生活の場の実践コミュニティへの参加も視野に入れた上で，論じられる必要があるとし，組織構造，社会的文脈をふまえた生活の場の学習プロセスの解明が求められた[6]。

　上述の労働の場のエンパワメントの議論を踏まえ，日本社会教育学会プロジェクト研究「ワークライフバランス（以下，WLB）時代における社会教育」（2018-2020）において，仕事と生活の分断を乗り越えるための仕事と生

活の統合的な学習のあり方が検討された。WLB 時代においては，社会人を市民として社会に接続し，自らのキャリアの充実と自らが暮らすコミュニティをよりよいものにするための活動を応援する政策が重要な意味をもつ[7]。しかし一方で，WLB 時代における教育／学習は，分断を乗り越えるワーク論／ライフ論の展開に向けた学習実践であり，バランス論ではなく，人間のあらゆる活動領域を一体的にとらえるアプローチが求められる[8]。そこでは分断を乗り越えるための学習プロセス，すなわち仕事と生活の重層的な学習プロセスの解明が必要とされる。

3．女性管理職をめぐる教育・学習機会の今日的課題

　人口減少社会においては，女性を積極的に管理職に登用し，人的投資を行うことが求められている。2016年に女性活躍推進法が施行され，政府による積極的な施策展開がなされてきたが，女性管理職（管理的職業従事者）割合はいまだ14.8%[9]である。OECD（2016）の生活時間調査[10]では，日本の女性の睡眠時間は最も少なく，仕事，家事，育児，そして地域のことまですべてを抱え込むことで，健康上のリスクが懸念される。働く女性の困難が指摘される中，企業で働く女性の学習機会も少ない。たとえば役職別研修の適用状況は女性27.2%，男性38.8%であり，研修内容ごとの実施状況はすべての項目で女性が，男性より低水準であることが報告されている[11]。

　また企業で実施される能力開発プログラムは，伝統的な性別役割分業意識への対応策を検討する啓発的な管理職育成にとどまり，研修の学習課題や教育方法は，所属組織の要請にいかに適応するかをねらいとした学習課題，および教育方法が中心である[12]。

　近年，各地の男女共同参画センターにおいて，企業で働く女性リーダー，女性管理職向けの研修が開催されている。そこでは女性のキャリア展望を描くことができない，昇進が難しいという課題に対応する研修が実施されており[13]，女性管理職育成の取り組みを，社会教育の観点からも実証的に研究することが求められる。

　筆者はこれまで，女性管理職のリーダーシップの学習過程を検討してき

た[14]。企業で働く女性が管理職として成長する過程では，社会（生活）から期待される役割と組織（仕事）に求められるリーダーとしての役割との葛藤におけるジレンマを省察する学習機会が意味をもつ。そこでは女性の生涯発達を保障する学習活動が期待されている。ワークとライフが分断されている状況において，仕事と生活を統合する批判的省察による学習を創り出す社会空間が必要となる。

　前述の課題認識から，女性教育のナショナルセンターとして，地域等における男女共同参画の推進を支援する NWEC 主催の女性管理職研修を考察し，人材育成に対する社会教育的アプローチを再検討する。

４．事例分析
―NWEC 主催研修「ダイバーシティ推進リーダー会議」―

⑴　研修「ダイバーシティ推進リーダー会議」のねらいと経緯

　2011年以降，NWEC は「男女共同参画時代の女性人材育成」をテーマとし，学習者主体論のもとに学習者の要求だけに応じるのではなく，NWECが学習課題を明確にし，その課題解決を見通した学習の組織化を意図したプログラムを実施してきた[15]。学習の組織化を意識したプログラムのねらい[16]は，一つには，多様な機関との連携／協働を推進しつつ，女性の社会活動キャリアを促進し，地域づくりに参画する人材が育ち，力をつけることであった。二つには，プログラムの構成要素を研修目標，研修項目，研修方法として明確化した。そして三つには，組織課題，地域課題を把握し，今後の見通しや行動計画のプライオリティーをもとに課題を分析することがプログラムとして目指された。

　NWEC の第４次中期目標では，女性活躍推進のためのリーダー育成が重点的課題となり，2013年度から企業を対象とした女性活躍促進を目的とした研修「ダイバーシティ推進リーダー会議」を開始した[17]。研修の募集通知にある研修目的欄には，「企業における女性の活躍促進を図り，男女共同参画社会の形成に資するため，企業におけるダイバーシティを推進（女性の活躍

促進）するリーダーが集う会議を開催する」と記されている。NWEC が主体の研修として「男女共同参画社会の形成に資する」ことが，目的として明示されている。そこで本稿では，2014年度（平成26年度）に実施された研修を検討する。

(2) 研修概要（スケジュール，学習内容，教育・学習方法）

①研修「平成26年度ダイバーシティ推進リーダー会議」概要

本研修は，2014年（平成26年）6月12日〜13日（1泊2日），国立女性教育会館（埼玉県比企郡嵐山町）において実施された。参加者は，29名（女性28名，男性1名）で，企業，NPO のダイバーシティ推進担当管理職が参加した。下表は，研修スケジュールである。

②学習内容

1日目は，企業3社の事例発表（女性活躍推進／ダイバーシティ推進状況の報告）が行われた。ディスカッション1では，小グループ（5〜6名）に分かれ，参加者同士（参加者4〜5名と NWEC 職員1名）が自己紹介を行い，所属企業のダイバーシティ推進に関する情報共有をメンバー間で行った。情報交流会は，夕食後に宿泊棟のラウンジにおいて，自由参加で実施された。2日目の情報提供は，付属の女性教育情報センターを紹介し，職員から「男女共同参画推進」に関する政府施策，そして働く女性に関する統計的

表：「平成26年度ダイバーシティ推進リーダー会議」研修スケジュール

	時間	内容		時間	内容
1日目	13：00〜13：05	開会	2日目	9：00〜10：00	情報提供
	13：05〜15：30	事例発表（企業3社）		10：00〜10：10	休憩
	15：30〜16：00	休憩		10：10〜12：00	ディスカッション2
	16：00〜18：00	ディスカッション1		12：00〜13：00	昼食
	18：00〜18：30	移動（研修棟→宿泊棟）		13：00〜14：50	ディスカッション3
	18：30〜21：00	夕食＋情報交流会		14：50〜15：00	閉会

情報の説明がなされた。ディスカッション2では，参加者個々のダイバーシティ推進に関する問題認識を各自が説明し，それぞれの課題の本質について話し合う。ディスカッション3では，話し合いの結果として，職場や地域で実施するための行動計画の立案がなされた。

③教育・学習方法

　本研修の特徴は，ディスカッションの時間配分の多さにある。研修時間（11時間）中，8時間は省察的な話し合いの時間が設定された。そのために，次の2点が配慮された。一つは，事例発表者もグループメンバーとして，職員はファシリテーターやグループメンバーとして話し合いに参加し，研修の中では，講師，学習者，学習支援者の役割を固定しないこと。二つには，各ディスカッションでは，各グループにファシリテーター（NWEC職員／研究員）を配置し，ダイバーシティ推進に取り組む中での課題について，省察的な問いかけによって問題を再設定する時間を十分にとることであった。さらにファシリテーターは事前に省察的な話し合いの技法（アクションラーニング）の研修会（半日間）を受講した。

　以上の研修概要，学習内容，教育・学習方法の特徴を踏まえ，(3)では，NWEC主催の研修における女性管理職を対象とした学習の意味について，参加者Aさんへの2回（1回目：2014年，2回目：2021年）のインタビュー内容[18]から考察する。そして(4)では，社会空間の形成プロセスとその意義について，2013年から2020年まで本研修に関わっているNWEC職員のBさんとCさんへのインタビュー内容[19]から考察する。

(3)　NWEC主催の研修において女性管理職が学習する意味

　Aさんは短大卒業後に現在の会社に入社，勤続26年目のマネージャー（2014年から変更なし）である。従業員は20名（正規・非正規社員，2014年から従業員数の変更なし）で，マネージャーとして複数の業務を担当している。ダイバーシティ推進を，管理職業務の一つとして捉えていた。

　まず1回目のインタビューから，Aさんのダイバーシティ推進に関する

語りを通して，学習の意味を考察する。受講3カ月後の語りには，社内外の
ダイバーシティ推進（男女共同参画に資すること）に関する具体的な行動計
画がみられた。例えば，地域（東大阪市）との関わりや，取引先（メキシ
コ）の女性生産者に意識が向き始めていた。Aさんは当初，ダイバーシ
ティ推進は，大企業や専門の部署がある企業でなければ実施は難しいと考え
た。しかし，「視点をかえれば，海外で豆の栽培をしている取引先でも女性
の生産者さんたちはたくさんいます。何かを伝えられるのでないか」と語
り，コーヒー産業全体でダイバーシティ推進を捉え，社外組織との連携で
「ちょっと手を出して関われる所と縁を重ねる」ことによって，課題解決の
糸口を見出した。

　具体的には，東大阪市の街づくり経営委員会へ参加し，地域や取引先を巻
き込もうとしていた。そしてダイバーシティ推進を，「from seed to cup」
（コーヒーの産地から1杯のカップまでつながること）にたとえ，生産者か
ら消費者までの「多様な人々をつなぐ」構想を描いた。「（コーヒーを淹れ
る）技術をお客さまにも提供していく場面です。時々男女（共同）参画の市
役所からの依頼を受けることがありまして。その1杯のコーヒーで男女の方
がつながっていたり，子育て中のお母さんがほっとされたりとか，カフェに
行けないお母さんに何かできたらとか，そういうのを街づくり経営委員会で
できたらなあと思って。この辺の系統立てるのを自分の仕事にしていこうと
思っています」。Aさんは，自身の役割を「系統立てること」と表現し，地
域課題の解決に取り組む目標を設定した。

　次に，2回目のインタビューにおいて，Aさんのその後を検討する。A
さんの会社は，社員のライフイベント（妊娠・出産・子育て）に配慮した働
き方支援を継続していた。

　一方で，「ダイバーシティ推進」の意味の変化が，Aさんの中にあった。
2年前にAさんは，脳梗塞で倒れ，半年間リハビリをしながらの短時間勤
務を経験していた。「徐々に仕事の幅と時間と内容を変えたので，キャリア
のダウンにはなったかもしれないですけど，ゆっくりさせてもらい，仕事を
続けることができています」と，病気による仕事への影響を振り返った。リ
ハビリ過程では，地域の私立大学と産学連携プロジェクトでデザートを新規

開発したり，私立大学の非常勤講師としてオンライン講義にも挑戦していた。

　大病の経験は働き方に変化をもたらしたが，1回目のインタビューで語られた中米の生産者との連携に関する進展がみられた。中米のコーヒーの研究所には指導を受けるための生産者（複数の農園）で構成されるプロジェクトがあり，多くの女性生産者が参加している。「（そのプロジェクトでは）持続可能性のあるコーヒーズコーヒー（仕組み）を作ることを目指していて，そこに関わる女性たちを，ぜひ（日本のイベントで）紹介したい」とし，2021年に百貨店内の支店での実施を予定していた。イベントではオンライン会議システムを使い，中米の生産者とイベント参加者の交流を目指す。そしてオンラインによる会話で，生産と消費者をつなぎ，中米でコーヒーが安心・安全に作られていることを，双方向の交流で支援したいとのねらいがあった。若手社員の発案によるこの生産者との交流イベントは，NWEC研修で学んだ女性の働きやすい職場づくりを目指したことで，だれもが働きやすい職場となり，何でも言い合える「教え合う職場」になった成果でもあった。

　Aさんは，現在，6年前よりも勤務時間を減らしている。子育ても終了し，自由に仕事ができる実感があるという。1回目のインタビュー時の語りにおける研修後の行動計画が，持続的に次の社会課題や生活課題への解決行動，そして新たな行動計画へとつながっていた。組織（会社）の中での仕事を通じて，組織の枠を超え，地域課題とのかかわりの中で生活する。その仕事と生活の往還には，研修を契機としつつ，自らの働く意味を問い直し，社会課題にチャレンジし続ける学習と行動のサイクルがみられた。

⑷　社会空間の形成プロセスとその意義

　次に，本研修における社会空間の形成プロセスとその意義について，Bさんとcさんの語りを中心に考察する。

　Bさんは，企業向け研修には，当初は専門官として，また途中から管理職としてかかわってきた。NWECが企業向け研修を開始することで，苦労したことの一つが，参加者募集であった。「男女共同参画に資するため」との目的で，企業からの参加者が集まらないことを懸念した。「今までは地域

の活動団体とか，行政とかを相手にしたわけですよ。そこに，企業という大きな枠が加わって，（募集案内文や方法の）幅が広がりました」と語り，企業向け研修への取り組みは，一方で新しい募集方法を模索する機会となった。また研修での情報提供にも配慮した。調査研究の結果などのエビデンスを伝えること，さらに企業3社によるダイバーシティ推進事例の発表は，成功事例だけでなく，失敗したこと，迷走したことを具体的に話してもうらようにしたという。Bさんは，NWEC主催の研修では，科学的な情報提供と失敗事例を自由に語れる学習が望ましいと考えていた。

　他方，Cさんは，企業向け研修において，開始当初から運営補助の役割を担った。主に研修当日にサポートに入り，ディスカッションのファシリテーターを担当した。Cさんは企業研修を担当することに，当初は不安しかなかったという。「本当に私たちで（企業からの）参加者の方に，納得いくものが届けられるのか」との懸念があった。しかし2年を経て，Cさんの気持ちに変化が生じた。「たとえば組織の中で，新たにダイバーシティ推進室に就いたけれど何から始めていいか分からないとか，上司に言いたいことが言えないっていうのは，企業でも行政でも一緒ではないか」と思い始めたという。そのきっかけとして，研修の休憩時間に気軽に参加者と会話ができるようになったことを挙げた。また同時にNWECが企業向け研修を担うことの意味，「NWECが何かを（参加者に）お伝えするというよりも，そういう場を確保することが大事」であることに気づいた。Cさんは，「場の確保」について語る中で，「私たち（NWEC）」の教育的価値を捉えなおしてもいた。NWECの強みを「やっぱり私たちはそういう場をつくるとかが（役割であり），私たちが知らない何かをお伝えしますっていうのは違うんだと。それが文科省の社会教育の私たちだからこそできる場づくり」とした。またNWECが形成する学習の場の特質として「全国から参加するということと，仮に職位が上でも下でも，研修室に入っちゃえば一緒っていうところがあります。同じ机を並べて学ぶ仲間であり，要するに上下関係のよい意味でのなさというか，参加者同士のフラットな感じの場がつくれる」ことを挙げた。NWECの提供する場は「（女性管理職が）背負っているものはあるけれど，ここでは等しく学習者」でいることが可能な場であり，「その場を確保

できる」ことが NWEC の役割だという。講師，ファシリテーターを含めた参加者全員が同じ立場で，役職にこだわらず「フラット」である社会空間を，Cさん（NWEC）は担保しようとしていた。

　Cさんの語りにある組織を超えた社会空間「フラットな場」は，女性管理職にとって，仕事と生活による学習を統合し，自分たちの働く意味をあらためて問い直す学習機会となる可能性を示唆している。

５．結論

　本稿では，社会教育研究における人材育成の動向を，仕事と生活の統合的学習の観点から整理し，NWEC 主催研修「ダイバーシティ推進リーダー会議」の参加者，および職員へのインタビューを行い，女性管理職が学習することの意味，そして社会空間の形成プロセスと意義について考察した。以下では，社会空間の形成プロセスに内在する学習機能の特質についてまとめる。

　本研修は，Bさん，CさんにとってNWECの教育的価値を問い直す契機となった。その問い直された教育的価値とは，社会空間における学習機能であり，学習機能の特質とは，社会空間に参加するすべての人が平等で，「いったん，背負っているものを横におく」ことを可能にする「フラットな場」であった。NWEC 職員の試行錯誤によって形成された省察的な話し合いによる社会空間は，「いったん背負っているもの（社会的役割）を横に置く」ことができる空間であり，仕事と生活の重層性の中で生きることを強いられる現代社会においては，生涯発達を保障する重要な要素となる。

　NWEC での学習を契機として，Aさんは，ダイバーシティ推進を，社内外での取り組みと位置づけ，地元企業との連携やメキシコの生産者との連携を進めていた。また同時に，自分の働くことの意味を，組織の枠を超えた関わりの中で問い直した。Aさんはその一連のプロセスを「系統立てる」と表現している。そして6年後には，働き方を変えつつも，仕事と生活の往還の中で構想の実現に向かって，組織内外で着実に取り組んでいた。「系統立てること」が，組織の枠を超え，Aさんの課題解決の原動力となっていた。

社会的役割からの自由な社会空間は，働く女性が日々の仕事と生活の間における葛藤を共有し，自分自身や他者の立場を理解する中で，企業人かつ，生活者としての学習を保障する。コロナ禍においては，NWEC の全研修がオンラインとなり，企業向け女性管理職研修も例外ではなかったが，オンラインによる学習空間で「フラットな場」をいかにして構築するかは，今後の課題である。

本稿で示した社会空間による教育的価値には，仕事と生活の間で苦闘する女性管理職の課題解決を支えるとともに，働く女性の生涯発達を保障する学習の可能性が内包されている。この社会空間による教育的価値を拡張するためには，社会教育，企業による双方の学習機能を尊重した連携に基づく継続的な学習実践が求められることになるであろう。

【註】

1 ）本稿では，いわゆる企業で働く人を「企業人」と呼ぶことにする。

2 ）倉内史郎編（1970）『日本の社会教育 第14集 労働者教育の展望』東洋館出版社，p.1.

3 ）大串隆吉（2004）「労働者の権利と社会教育」『講座　現代社会教育の理論Ⅱ　現代的人権と社会教育の価値』東洋館出版社，pp.152-165.

4 ）堀薫夫（2004）「アンドラゴジーと人的能力開発論」日本社会教育学会編『日本の社会教育第48集　成人の学習』東洋館出版社，pp.27-28.

5 ）社会空間（social space）とは，省察的な話し合いによる対話的学習が保障される空間である。Nakamura, Y. & Horimoto, M.（2020）. A Conceptual Framework for Developing Women Social Entrepreneurs in Japan. *Advances in Developing Human Resources*, 22（2）, pp. 164-175. を参照。

6 ）高橋満（2013）「『労働の場の学習』研究の視角」日本社会教育学会編『日本の社会教育第57集　労働の場のエンパワメント』東洋館出版社，pp.32-33.

7 ）笹井宏益（2019）「2018年度六月集会プロジェクト研究 報告Ⅱ　生涯学習と労働をめぐる今日的な政策展開と課題―リカレント教育の観点から―」『社会教育学研究』第55巻，pp.49-50.

8 ）大高研道（2020）「2019年度六月集会プロジェクト研究 報告Ⅰ　社会教育研究がワークライフバランスを論じることの意味」『社会教育学研究』第56巻，pp.30-31.

9 ）内閣府（2020）『男女共同参画白書 令和 2 年版』

10) OECD Gender Data Portal（2021）
https://www.oecd.org/gender/data/OECD_1564_TUSupdatePortal.xlsx，2021.5.26. 最終閲覧

11) 内閣府（2019）『男女共同参画白書 令和元年版』

12) Nakamura, H & Horimoto, M（2017）. Women's Leadership in Japan, Editors: Cho, Y, Sun, J. Y, McLean, G. N., *Current Perspectives on Asian Women in Leadership*, Palgrave macmillan. pp.71-86.

13) 内閣府，前掲9）．（2020）．

14) Nakamura, Y., Horimoto, M., & McLean, G. N.（2021）. *Japanese Women in Leadership*. Palgrave macmillan, pp.3-23.

15) 神田道子（2011）「男女共同参画時代の女性人材育成—社会的背景と学習課題—」『NWEC 実践研究』第 1 号．pp. 6 -19.

16) 中野洋恵・小林千枝子（2011）「学習プログラムの考え方—連携・協働を推進しつつ，地域づくりに参画する人材が育つための学習プログラムから—」『NWEC 実践研究』第 1 号，pp.88-95.

17) 企業を対象とした研修は，大人数向け「企業を成長に導く女性活躍促進セミナー 1（2012年〜現在）と少人数向け「ダイバーシティ推進リーダー会議」（2013年〜2015年）の 2 種類であった。2016年10月より「企業を成長に導く女性活躍推進セミナー」と「ダイバーシティ推進リーダー会議」を統合し，現在まで実施されている。

18) A さんは，大阪府東大阪市の「コーヒーに関する総合企業」に勤務。1 回目：2014年 8 月25日14時〜15時，東大阪市の店舗事務所においてインタビューを行った。質問内容は，①会社概要，現在の業務内容，② NWEC の講座を通して印象に残ったこと，現在，考えていることは何か，③研修後，行動したことは何か，④ダイバーシティ推進についてどう考えるか。2 回目：2021年 3 月17日17時〜18時，Zoom 会議システムでインタビューを実施。質問内容は，①現在の業務状況について，②ダイバーシティ推進に関する問題認識について，③女性管理職（働く女性）が抱える問題・課題について。

19) B さんへのインタビューは，2021年 3 月18日11時15分〜12時15分，C さんへのインタビューは，2021年 3 月18日10時半〜11時10分，NWEC の会議室で実施。質問内容は，①担当業務の状況について，②企業向け講座について，③女性管理職が抱える課題に関して，何が提供できると考えるか，④企業と連携する上でどのような影響があったのか。

【付記】 本研究は JSPS 科研費（課題番号16K04567）の助成を受けて実施した。

「マイペース酪農」にみる仕事と暮らし

―バランス論を超えて―

河野　和枝

はじめに

　ワークライフバランス時代をどのような産業と労働構造を想定して考えるのかは，経済大国を標榜する日本の労働環境と深く関わり，結果「ワーク」と「ライフ」の概念規定が必要不可欠となる。一般的にその多くは第二次産業，第三次産業の現場を想定する。今日の労働市場の多様性，かつ複雑性は，労働価値を巡る「人間」の存在を規定するが，その現状は，「儲けのために稼ぐ，稼がなければ生きていけない」と追い立てられる両極性，「過労死」に象徴されるように，奪われる主体性に気づくことなくわが身を捨てて生きることが問題の所在となる。では第一次産業，特に農業ではどうであろうか。日本の農業の特徴として，生活と労働が一体となる地域協同労働により支えられてきた。しかし，高度経済成長期を契機に農村は一変する。工業化の波は都市の労働人口を膨らませると同時に，農村人口の減少，担い手の高齢化，後継者問題が地域課題として浮上する。競争原理を普遍化する近代農業は，機械化，規模拡大，それらに伴う多額の負債などを伴い，先行きへの不安は離農を増加させ，疲弊する農村地域が形成される。つまり，第一次産業でさえも産業構造が大きく変化することで労働の量や質を変容させており，ワークライフバランス時代の渦中に深く組み込まれているのである。

　別海町の酪農民は，次のように発言する。「マイペース酪農や酪農適塾で

は，一町一頭[1]が適正規模だと言ってきた。実はある面ではそれは不自由かも知れない。それでもその不自由さを受け入れて，自由を求めて実現してきた。グローバル化への反省があり僕たちはそれぞれの地域に相応しい酪農，風土に生かされた酪農をやってきた」。

　本稿ではこの発言者が実践する「マイペース酪農」[2]を取りあげる。「マイペース酪農」に関する先行論文は，酪農経営に関わっては多くあるが，「マイペース酪農民」を形成する学習や生活に視点を当てた記述は少ない。そこで本稿では，利益優先の規模拡大路線に組み込まれた酪農村を舞台に，「人間らしくありたい」「農民らしく生きたい」と継続的に学びあう「マイペース酪農交流会」と「酪農適塾」に着目し，そこでの学びの構造を明らかにし，マイペース酪農民のワークライフバランスについて論じることを目的とする。

　なお，本稿執筆に当たり，コロナ禍により現地調査が実施できなかったが，別海町教育委員会で社会教育主事として勤務していた筆者の経験，および，収集した一次資料や「マイペース酪農交流会通信」に依拠して検討する。

1．「マイペース酪農交流会」の源流となる「別海労農学習会」の開始

　北海道別海町は，北海道東部，根室管内にあり，総面積132,022haという広大な面積を持ち，根釧原野の中心部に位置する（畑地面積63,500ha 全国1位，陸上自衛隊矢臼別演習場16,800ha）。人口は15,022人である（2019年4月，別海町役場人口・世帯数統計表）。酪農業と水産業の町であり，なかでも乳用牛飼養頭数は11万余頭と人口の7倍以上を占め，農業生産額は全国でもトップクラス，うち生乳によるものは約80%を占める。農家戸数は年々減少を続けているが，一戸あたりの飼育頭数増加に伴う経営規模拡大が生産量を押し上げている。酪農は全体の8割が家族労働に依拠し，24時間365日乳牛と生活するがゆえに，家族労働が価値を持つ産業なのである。

　1956年，国策として進められた「根釧パイロットファーム」が発足し，新

天地を求めた459戸が全国各地から入植する。しかし，根釧原野特有の厳寒気候，開拓の労苦は離農者を続出させ，64年には361戸に激減した。62年には，開拓農地を農民から取りあげ，陸上自衛隊矢臼別演習場が設置された。別海町，厚岸町，浜中町にまたがる広大な面積を有する。演習場内を横断して飛ばされるR30ロケット爆音によってバラ線（有刺鉄線）を越え逃走する牛，乳量を落とす牛など，その影響は大きかった。演習場内の農民2人が農地買収に反対し居座りを続け，支援する団体等で矢臼別共闘が組織化された。65年には，全日本農民組合西春別支部が結成され，平和碑の建立，矢臼別平和盆踊り大会などを開催し労農共闘を強めていった。一方，73年には国営（根室区域農用地開発公団事業）による新酪農村建設が完成し，入植が始まる。広大な牧草地，近代的機器を備えた建売牛舎，スチールサイロ，住居等が新しい規模と酪農経営を象徴するかのように注目されたが，生産力を高めるための多頭化，それに伴う機械化が酪農家の負債を増加させ，雪だるまのように膨らむ借金は後継者まで引き継がれると恐れられながらも，「ゴールなき規模拡大の道」へと突き進んでいった[3]。

　このような中，一部の酪農民や獣医師たちは「ぎりぎりの家族経営」に警笛を鳴らし，生活そのものが大切にされる酪農経営の道を模索するようになった。自分たちはどう生きるのか，農民らしくどう生きるべきかを問い，「釧路労農学習会」，次いで「別海労農学習会」を1971〜74年の4年間4回継続開催する。これらは教員組合，農民組合，農協労働組合，民主団体，個人で参加する実行委員会方式で実施され，研究者，自治体労働者，獣医師，婦人団体など他領域からも幅広く参加を得るなど，矢臼別共闘の活動が生かされていた。新酪農村構想をどう見るか，農業政策が推進する規模拡大に対し酪農経営はどうあるべきか，また，教育や保健・福祉など多岐にわたる議論の場となった[4]。しかし，事務局長の転勤でこの学習会は継続が絶たれる。

　1975年，労農学習会に参加した若者や農協労働者を中心に，西春別地区泉川で自主学習サークル「酪農経営・技術研究会」が結成され，76，77には西春別地区「酪農経営研究会」が開催された。結成案内チラシでは，次のように訴えかけている。「大型化，新酪農村への夢もある。しかし酪農の未来は大型経営でなければならないのか。生活の豊かさとは何か。牛の故障，産

後の腰抜けを予防できないか，よい土，よい草のために，タンカル，ヨーインの効果はほんとうか」。また，76年の研究会開催資料には，「大きいことはいいことか。それを追いかけるよりも今の自分を見直しては。いつまでもこれでよいのかと言われるけれどそこが問題なのだ。そこでふりまわされず“まかたする経営”[5]はできないのか」と問題意識を訴え，その後，「まかたする経営」は地域の流行語となった。もう一つ，今も地域で語り草となっている若い後継者夫婦の体験報告がある。「規模拡大を時流に乗って行い生産量も伸びた。しかし負債の重圧が大きく離農を決意するほどピンチになった。ついに乳代収入では償還に間に合わず，乳牛の何頭かを売った。離農後の就職先も決めた。そのときの気持ちはとてもみじめだった。しかし予想に反し，その後生産乳量が増え，経営が好転していった。乳牛頭数を減らしてもその分残った一頭一頭に腹一杯草を与え，牛が調子を取り戻し結果として経営が好転するきっかけを見つけた」[6]。この体験報告を基に勉強会が持たれ，マイペース経営へのヒントを得たが，ここから実践に結びつくことはなかった。

２．「別海酪農の未来を考える学習集会」から「マイペース酪農
交流会」へ

　1986年，かつての労農学習会講師が来町することを契機に，再び全町での学習会が計画された。討論の柱に「農政と別海酪農」「経営と技術」「農村の生活・教育」を据え，年１回の「別海酪農の未来を考える学習集会」（以下，学習集会）が実行委員会形式でスタートした。90年には，中標津町在住のユニークな酪農家と評されていた三友盛行氏を事務局３人が訪問する[7]。三友氏の話を聞き，その経営方法や農業哲学に心打たれ，「求めていた酪農経営はこれだ」と共感する出会いとなった。さっそく，「学習集会」で三友氏を分科会講師に迎え，「マイペース酪農の実践に学ぶ」が実施された。三友氏の営農スタイルである，自然摂理を尊重した農業哲学を規範に「適正規模の経営」による「まかたする酪農」が報告されることで，もっと学びたい，マイペース酪農を実践したいと別海町の酪農民も「自分らしい酪農経

営」の実現に一歩踏み出すことになる。人にも牛にも優しい酪農経営のあり方を模索し学習を続けていた酪農民にとって，三友氏の実践は「自分のペースで酪農ができる」という確信につながった。その後，「マイペース酪農」[8]の呼称も定着し，学習集会もその方法を転換することとなる。

1991年からは，三友氏とともに毎月1回「マイペース酪農交流会」（以下，交流会）を定例化し，毎月1回「マイペース酪農交流会通信」（以下，通信）を発行し，年1回の「学習集会」も継続することにした。それ以来，交流会と通信，学習集会（年次酪農交流会）は，休むことなく今日まで継続されている[9]。

この交流会では，可能な限り酪農家を訪問し，経営状況等を聞き取り，牛舎，牧草地，放牧牛の観察などの現地学習が行われ，昼食をとりながら，参加者一人ひとりの「一言発言」を聴く。発言内容は，酪農経営から生活まで自由である。通信には，次回の案内とこの一言発言が詳細に掲載され，全国の希望者にメール等で500通ほど届けられている。通信の内容は，記録にとどまらず時には交流会の場で学習テキストになることもあり，学びの重要な役割を果たすものになっている。また，交流会には，獣医師や酪農就労希望者，実習生，学生など多様な人々が自由に参加しており，テレビ・新聞・雑誌・研究分野からも注目されてきた[10]。しかし，農業政策が推進する「規模拡大路線」は主流の経営スタイルとして誇示されていることもあり，低投入の「マイペース酪農」に冷ややかな視線を向ける農業関係者の存在は否めない。交流会の場でも，「宗教的？洗脳的？欠点が知りたい」と，「マイペース酪農」に対して率直な疑問や意見が出され，参加者同士一緒に考えあう場面もみられる。

それでも，道内各地の酪農民が「マイペース酪農」に関心を寄せ，宗谷地区の「もっと北の国から酪農交流会」や，道南地区の「ちょっと南の国から酪農交流会」をはじめ，十勝や北見，道央地区でも頻繁に学習会が開催されるに至っている。

３．環境保全型持続可能な酪農としての「マイペース酪農」
―三友盛行氏の酪農経営―

　では，そもそも「マイペース酪農」はどのようなものなのか。三友氏は，1970年代の酪農危機を契機に，「身の丈にあった酪農経営」を家族で確立した。それは，45haの草地面積で40頭の搾乳牛を飼い，「舎飼はせず放牧」「経営投資の削減」「ある分での生活」という「引き算」方式から創造された適正規模であった。経済第一主義の経営論理が「農業の工業化」を生み出し，酪農もその論理が適用可能分野だとされた結果，高い輸入穀物飼料に頼った規模拡大が，牛と人を巻き込んでいる現状があった。「マイペース酪農」は，これを批判的に捉えるものであり，農業の基本は土，草，乳牛，糞尿，堆肥そして土へと純粋に循環であるという自然摂理の発想をその根底にもつ。そのため，「マイペース酪農」は圃場にこだわり，草と土の研究を続け，乳牛を自然に返し適地・適産・適量の遵守により持続が保障される農法である。また，加工生産（穀物飼料，舎飼）の拡大は，生産者の過剰負担，環境の悪化，外国エネルギーへの依存，それらに伴う社会環境の悪化につらなるものと捉えられるのに対し，「マイペース酪農」が行う実質生産（飼料は牧草，放牧）は，環境にやさしく，人・牛にも優しい持続する農業である。一方で，家族農業が成立する適正規模が「暮らし」を規定するとし，「酪農の営みを含めて暮らし」と固有の考えを示す。女性の労働時間の削減と経営参加の平等性と意見反映を尊重する考えを実践する。総じて，「マイペース酪農」は，環境保全型の持続可能な酪農のあり方を追求するものであり，その持続可能なあり方は酪農民やその家族の労働と生活のあり方も変革し創造するものであった。

　さらに，このような発想は個々の酪農民の暮らしにとどまらず，「より少ない生産量で一家が生活できるならば何より効率の良い酪農である」，「メガファーム１戸あるより40頭から搾る家族農業が25戸あった方が人口も消費も維持できる」という地域づくりをも展望する[11]。

4．私塾「酪農適塾」の開設と後継者育成

　このように創造されてきた「マイペース酪農」は，次世代に継承するための仕組みが不可欠であった。1991年に始まった交流会には，大学生，農業科高校生，酪農実習生，新規就農を目指す若者などが毎回顔を出していた。次期後継者候補の若者たちにも「土・草・牛・人が一体化し自然の恵みとともに，家族農業の醍醐味を知らせる牛飼いを学んでもらいたい」と考えた三友氏は，2010年，中標津町の自前牧場を会場に，「酪農適塾」（以下，適塾）の開設に踏み切った。

　適塾での研修期間は原則2年，20余名の初期研修生の多くは酪農後継者であった。古い住宅を改修し宿泊できる環境も整えた。塾名も緒方洪庵の「適塾」にあやかり，「適正規模」「適地・適産・適量」と「マイペース酪農」を象徴する用語を意識したことに加えて，理に「適」った酪農，若い人の夢が「叶（適）」うという意味も込めて名付けられた。夏は牧場での現場学習，冬は酪農の基本を座学で学び，午後は疑問・質問に加え，生活，政治・経済・社会など多様な内容で「一言発言」の時間を設けた。聴いてもらえることによる気づきや，発言によって自己をみつめる機会になるなど，研修生には評価の高い取り組みとなった。

　また，適塾では，三友由美子氏が所有する「チーズ工房」でチーズやパンづくり，さらに野菜づくりも体験する[12]。農業行政等で企画する後継者育成研修とは異なり，適塾では独自の内容が用意され，交流会メンバーが適塾運営委員会に入り連動した学習支援体制をとる。また適塾の研修生が別海町で開催されている交流会へ参加することが研修プログラムの一環に位置づけられ，現場学習等での協力関係も容易にしている。さらに，適塾は若い研修生ばかりでなく，別枠として設けられた参加枠に毎回30人余りが全道，さらには全国各地から集い，座学など研修プログラムの一部に参加している。

　2014年，4年間継続した酪農適塾は「ひとくぐり」したとして終了した。研修を終えた若者は次のように語っている。「草地を一周して美味しいカレーライスの昼食を食べ一言発言で終わる適塾が終わり淋しい」，「2年前，

初めて酪農交流会に参加し三友さんの面接を受け適塾生になりました。親方は，俺は出会いを大切にすると言われ，僕のことを何も知らないのに研修を受け入れて下さり成長のためにいろいろ教えてくれました。親方とおばさんには感謝の気持ちでいっぱいです。これからは教えを反芻していきたいと思っています」[13]。なお，2017年に三友氏の牧場を継承したYさん（岩手県出身）もまた，住み込みで3年間にわたって適塾での学びを経験した塾生であった。

終了後の適塾は現在，毎月一回，自主研修，昼食持参の自由な学びの空間と変わり，増え続ける参加者とともに継続されている。

５．国連家族農業年と「マイペース酪農民」の家族農業

2019年から2028年までを期間とする「国連家族農業10年」の制定によって，家族農業の支援が始まっている。とりわけ女性の存在が重宝される酪農経営では，新規就農の条件に妻帯者であることが要求されることもある。その一方で，経営決定権は夫にあり妻の口出しは認めないなど，ジェンダー問題を含む家族農業の課題は多い。しかし，「マイペース酪農民」たちの家族農業の意識は，例えば交流会に夫婦で参加し対等に発言する，意にそぐわない発言には夫婦であっても訂正を求める，家族で営農計画を決める，「ゆとり時間」は自分のために使う，自分で考え行動するなど男女平等の立場が貫かれた民主的家族経営が目指されており，この間の学習が家族意識に変化をもたらしている。

そこで次節では，高投入の酪農経営から低投入の「マイペース酪農」に切り替えたある家族（森高哲夫・さよ子夫妻）の記録や語りにもとづいて，「マイペース酪農」への変更によって労働や暮らしはどう変化したのかを明らかにする[14]。なお，森高哲夫氏は交流会の事務局長であり，通信も担当されている人物である。

6．森高夫婦の語り「ゆとりこそ最高の幸せ」

　酪農家三代目である森高哲夫氏は，1970年代には多くの農家同様，規模拡大を目指し配合飼料を多く与える経営を続けていた。40代に入り「最新鋭の牛舎新築」を考えたとき，妻さよ子氏から「年老いた両親に負担をかける」と反対される。哲夫氏は，「いつの間にか牛や家族に無理強いしていた。規模拡大を続ければ借金も仕事量も増え泥沼にはまる」と気づき，92年に量の追求をやめ，「マイペース酪農」に切り替える決断をする。1999年，搾乳牛は44頭，育成牛が31頭，牧草地54haで，夏場は昼夜放牧という方法に完全に切りかえた。「マイペース酪農」を決断した1992年に比べると，乳牛の生産は3割減少し，粗収入も20%減らしたが，配合飼料と肥料代を半分以下に抑制することなどによって支出も35%削減された。哲夫氏は「所得の目減りはゆとりの投資であるが，経営をトータルに見ると負債も最小限，糞尿処理の技術も環境に優しい牧草地づくりに徹底し，飼料を自家製にすることで赤字にはならない酪農経営が続けられている」と，「まかたする経営」を語る。

　このような経営や労働の変化は，生活や家族観にも変化をもたらす。哲夫氏は次のように言う。「30年にも及ぶマイペース酪農実践の中で，幸せな家族農業の姿が見えてきました。それは家族全員で夕食を囲んで"いただきます"が言える程度が適正規模なのです」[15]。

　さらに，このなかで生まれた「ゆとりの投資」時間を哲夫氏は研究に充て，原料輸入の配合飼料を使用せず北海道産の餌だけで牛乳生産する技術の研究や，糞尿から「魔法の水」を生成し資源化する研究などで成果を収め，「良い土から良い草を採りその草で健康な牛を育て，安全な牛乳を搾る」循環型の「マイペース酪農」に自らの研究成果を生かしている。最近は，日本草地学会[16]での発表など多忙な「ゆとり時間」を過ごしている。

　一方，妻さよ子氏は，「マイペース酪農」に経営転換するときには，大事な牛を売るなどして負債をより少なくする努力を積み重ね実現しているが，そのことはなかなか他の酪農家に伝わらず，「借金のない人がやるマイペース酪農」などといやみを言われたり，変人扱いされることもある。確かに，

「マイペース酪農」は注目されているものの，これに取り組む農家数が増えているとはいえない現状がある。また酪農は年中休みの取れない独特の労働作業であり，手搾りの時代とは異なるものの，女性にとっては特に手足，腰などを酷使する労働に変わりはない。

　このような厳しい酪農を続ける上で，交流会での継続した学びが力になっている。さよ子氏によると，酪農経営や技術のことばかりでなく，生活や暮らし，政治，子育てや教育など，語りたいことを自由に語る場が交流会なので，聴くことすべてが学習になっている。今の時代は，本音で語れないことが多いけれど交流会は本音で語れる場，抱える不安，怒り，悲しみ何でもありなので参加が楽しく，一度参加するとまた行きたくなるという。さよ子氏にとっては，交流会があるから「マイペース酪農」を続けられるという自信につながっている。

　また，「マイペース酪農」による生活面での変化として，さよ子氏の労働時間が短縮され，家庭菜園やチーズ・お菓子などを作る時間ができたことや，ホームヘルパーの資格を取りボランティア活動に参加していること，酪農ヘルパーを利用して家族旅行も実現できたという。肉体労働が軽減された分，このような社会的活動の時間が増えている。なにより，さよ子氏にとっては，自分で決め行動するパターンが多くなり，ストレスを抱えこまない余裕のある暮らしができているという。

おわりに

　山田定市は，別海町で開催された「労農学習会」について次のように論じている。「1970年代に全国的に高揚した労農学習運動にその脈絡が結びついているとみることができるが，地域農業，個々の農家の労働・生産活動と生活，経営活動に緊密に結びついた地道な学習活動を持続して現在に至っていると言う点では，全国でも独自な農民運動であると言うことができる。」[17]

　本稿では70年代から始まる酪農民の学習活動の経緯を論じたが，山田の言う「地道な学習活動」の展開は今日まで変化することなく継続されている。もちろん，1991年三友盛行氏の登場によって学習の枠組みと酪農実践の課題

が再構築される時期はみられるが，問題意識の設定と学習テーマに大きな変化はみられない。座学が少なくなり，調査活動や「一言発言」のように一人ひとりに焦点化した実践的・体験的学びが協同学習として定着している。「労農学習会」から始まる一連の酪農民による主体的学習の構図を整理すると，（1）酪農民一人ひとりの個別の研究や学習，（2）仲間と学ぶ定例の協同学習としての「交流会」「適塾」，（3）専門的知識の伝達（講師）や他領域の人々との協同学習としての「年次酪農交流会」，というように，三層の構造的学習が行き交うことで，継続性と実践に向き合う知識の獲得と意欲につなげている。これら学びの三層構造が，マイペース酪農を形成する酪農民の意識の変容と酪農実践に深く関与していることが明確になった。

　さて，本稿のもう一つの論点であるワークライフバランスであるが，前述した酪農民の学習活動の展開をみても，それらは直接的に「ワーク」や「ライフ」を問うたものではない。「貧乏してまでマイペース酪農か」という社会の批判に，実践は応えて来た。低投入の経営論理としての「身の丈に合う酪農」は，追い詰める経営から酪農民を解き放って精神的ゆとりを保障し，1町1頭が基本の「放牧による適正規模」は，労働の軽減と農業所得率を上げ「人にも牛にも優しい循環型酪農」を実現した。それらの実践の中で，ほっこりと姿を現したのが「暮らしのゆとり」である。そもそも「マイペース酪農」は，「ワーク」と「ライフ」のバランスを求めていたのではない。前掲の三友盛行氏，森高哲夫・さよ子夫婦の実践や語りが示すように，「人間らしく，農民らしく，自分らしく生きたい」，つまり，自然とともに生きる人や牛の尊厳を暮らしの中に取り戻し，農業政策に振り回されない酪農経営を求め，学びながら自ら獲得したのが，「自分らしい働き方，自分らしい暮らし方」であった。それは，自分の頭で考え行動する主体の獲得であり，ワークとライフが統一したものと考えられている。すなわち，「マイペース酪農」にはバランス論はそもそも存在していない。

　一般の酪農家は「多忙を改善し，趣味や旅行が出来るゆとりがなければ後継者は育たない」として，ワークライフバランスを語る。ここでの「ゆとり」は新たな設備投資で労働の軽減を図ることであり，そのことは同時に負債にはね返り，悪循環の連鎖を取り除くことはない。つまり，市場経済優先

の論理で獲得する「ゆとり」と「マイペース酪農民」が獲得する「ゆとり」とでは，その内実が質的に異なり，当然「ワーク」と「ライフ」の質に反映される。

「マイペース酪農」の酪農民もまた，このワークライフバランス時代に生きながら，「生き方を問う学び」を継続し，社会全体の価値観を変えようとしている。この点において，社会教育の価値を見いだす実践といえる。

【註】

1）放牧酪農では草地面積一町（1 ha）あたり一頭を飼育するのが妥当であるとする考え。放牧飼育を基本とする酪農家に受け継がれている。

2）今のところ，「マイペース酪農」を規定するものはない。「自分なりのやり方を見つけて牛を飼うこと」が「マイペース酪農」，あるいはマイペース型酪農と表現されている。本稿では，「マイペース酪農」と表記する。

3）別海町の農家戸数について，1965年の2,132戸（生乳生産者86％）から2015年には768戸（同90％）へと減少している。しかし，牛の頭数は増加し，その結果生産乳量を増加させたが，乳価の変動，機械化による負債増，輸入飼料による生産コストが増加し，所得は伸びず苦しい経営に追い込まれ離農する農家が少なくなかった。生産量を上げる競争的営農は，酪農民の労働強化と地域コミュニティの破壊をもたらし，暮らしの不安を増大させた。当時，筆者は別海町教育委員会で社会教育主事として婦人教育や青年教育に携わっていた。農閑期に婦人学級・公民館講座等を地区公民館で開催していたが，酪農経営に欠かせない女性たちは「新しい機械に振り回される。牛の頭数が増え管理に一日中気が休まらない」，「子育て・調理は義母任せ，営農計画は夫の仕事，自家野菜を作る時間がない，子どもの肥満が気になる」などの不安が出されていた。社会教育でも，保健婦（当時）や生活改良普及員などと協同し，課題解決につなげる学習が重ねられた。

4）町の保健婦（当時）に誘われ，筆者も「別海労農学習会」に参加した。会場は中西別地区の会館で，裸電球がともされていた。参加者の議論から酪農の厳しい現実を知り，政治的問題と強く印象づけられたことを記憶している。

5）「まかたする」とは，北海道弁で採算が取れることを意味する。

6）高橋昭夫著「牛飼いで生きぬくための学びあい」『月刊社会教育』No.407，国土社，1990年，pp.34-40.

7）三友盛行氏は東京都出身。1968年中標津町俵橋地区国営開拓パイロット事業に応募し

40町の開墾地に結婚と同時に入植。農協理事を12年務めたのち，1993-99年中標津町農業協同組合組合長，2000-04年中標津町議会議員を歴任。12年に個人経営から法人化し，17年には「適塾」参加の若い夫婦に農場を移譲している。

8）「マイペース酪農」の言葉は1970年代から酪農民の間で理念として使用されていたが，この時期にはじめて理念が具体的な酪農実践と統合された。

9）「学習集会」は，現在「年次酪農交流会」と名称変更し実行委員会形式で開催され，毎年100～150名の参加がある。

10）例として，「立ち止まり，足るを知る―酪農家・三友盛行」「プロフェショナル仕事の流儀」第127回，NHK，2009年10月6日放送。

11）北海道新聞「私の中の歴史―酪農適塾塾長三友盛行さん⑯」2020年4月23日。三友氏の「まかたする酪農」を農業収入率でみると65％にもなり，一般の酪農家平均農業収入率が35％であることと比較しても抜群の高さを示す。

12）妻由美子さんは，農家や漁師の家では自前の米・野菜や魚が食卓に並ぶのに酪農家だけは自分で作ったものが口に入らないと1995年「農家チーズをつくる会」を立ち上げチーズづくりの研究をはじめる。各地の研修センター，フランスでの研修を経て97年チーズ工房を建て農家チーズをつくる。2010年，熟成士の称号「ギルド・デ・フロマジェ」を授与。13年NPO法人小田豊四郎記念基金第10回小田賞を受賞している。

13）「マイペース酪農交流会通信」2014年6月10日号.

14）ここでは，通信記事，および，2019年3月森高夫婦へのインタビュー調査（2019年3月）に基づいて記述する。

15）森高哲夫「マイペース型経営は家族農業のモデル」農民運動全国連合会編著『国連家族農業10年』かもがわ出版，2020年，pp.93-98.

16）森高哲夫「北海道東部における低投入で持続的な酪農の取り組みと将来展望」日本草地学会誌64巻3号，2018年10月，pp.210-214.

17）山田定市「農民学習運動の現段階的意義」北海道大学大学院教育学研究院社会教育研究室『社会教育研究12』1992年，p.77.

第Ⅲ部

変容する労働と生活の中で，新た
な社会教育の理論・実践を拓く

困難を抱えた女性への労働と
生活をつないだ支援
―生活をともにした就労支援の意義―

野依　智子

はじめに

　本稿の目的は，困難を抱えた女性のための就労支援に求められる支援とは
何かを考察することにある。ここでいう困難を抱えた女性とは，就労を模索
する層，改めてキャリア形成をめざす層など働きたいが思い通りに就労を実
現できていない人々[1]，つまり不安定な雇用が長期化・固定化している，初
期キャリア形成につまずいたため職業経験が少ない，離転職が多いなどの就
労において困難な要素をもっている女性をさす。このように就労困難な女性
の中でもとりわけ非正規シングル女性やシングル・マザーの生活が困窮に陥
りやすいのは，「男性稼ぎ主」をモデルとした社会システムが背景にある。
男性の賃金が家族を扶養するという賃金体系とそれを補完する社会保障制度
が，女性の低賃金化を招いているわけだが，「男性稼ぎ主」を持たない女性
もこうした社会システムの中に位置づけられているために，非正規のシング
ル女性は生活困窮に陥りやすい。つまり，「男性稼ぎ主」をモデルとした社
会システムが女性の自立をはばんでいるといえよう。
　こうした社会システムの中で，女性の自立をめざして，どのような就労支
援が求められるのかをここでは考察する。
　考察にあたっては，女性の就労支援事業として取り組まれた加賀市ワー

ク・チャレンジ事業（以下，WC事業と称す）を対象とする。後述するが，WC事業は，「働きづらさ，生きづらさを抱えている女性たちの『しごと』と『くらし』の再生」を目的とした「観光分野等と連携した就労支援カレッジ」事業[2]として取り組まれたものであり，まさに困難を抱えた女性のための就労支援事業といえる。

また，WC事業については，2020年10月の第141回社会政策学会大会のテーマ別分科会において「加賀ワークチャレンジ事業（加賀WCP）の政策過程とその成果：地方部—都市部連携による就労支援事業のコンテクストとガバナンスの分析」[3]として3報告が行われており，他分野の研究対象としても注目されているところである。

女性のための就労支援事業についての先行研究を整理するまえに，近年の就労支援の動向を概観しておく。

1990年代に入り，いわゆるバブル崩壊による就職氷河期が到来し，日雇い労働者の労働市場からの排除などが顕著になった。加えて，労働者派遣法の改正による派遣労働者の増加は，2008年のリーマンショックの際に多くの失業者をうんだ。こうした社会状況を背景に，就労支援政策がさまざま提起された。「若者自立・挑戦プラン」や若者サポートステーション事業，緊急雇用創出事業，パーソナル・サポート・サービス事業や生活困窮者自立支援法などである。

これら一連の事業が展開される中で，多くの支援団体が就労支援を行うわけだが，相談者はさまざまな複合的課題を持っており，就労支援は単に就職を支援するだけでは自立が難しく，相談者に寄り添った支援が必要であることが明らかになった。また，そもそも一般の労働市場につなげることではなく，働き方そのものを見直す必要があるのではないかなどが議論された。

寄り添った支援として「伴走型支援」を提起したNPO法人抱樸[4]の取り組みをまとめた『生活困窮者への伴走型支援：経済的困窮と社会的孤立に対応するトータルサポート』の中では，増加している若年生活困窮者の支援には，「複合的な課題を抱えた若年者に対しては伴走型の支援が必要かつ効果的」とした上で，「就労支援のみでなく日常生活や社会生活の支援が必要」と述べられている[5]。つまり，就労支援とあわせて生活支援も必要であるこ

とが指摘されているのである。

　こうした中，女性に特化した就労支援として横浜市男女共同参画センターの「ガールズ編しごと準備講座」がある。本講座を対象にした論稿には，植野ルナ[6]，小園弥生[7]の分析がある。講座開始にあたっては，「若年女性無業者の自立支援に向けた生活状況調査」を実施しており，ここでも，複合的課題を抱えた女性たちの姿が明らかになっている。本講座は，定員20名の自立・就労支援事業として開講されているのだが，1対1の相談方式とは違い，グループによる共同学習である。したがって，一人ひとりの課題を解決するという方法ではないが，グループでの話し合いを通して，悩みを共有・共感しあい，働きづらさ・生きづらさは個人の問題ではなく，社会的な問題であることに気づかせてくれる。同じ悩みを持つ者とのつながりと社会的問題としての気づきが本講座の意義として分析されている。しかし，講座修了後にアルバイトなど何らかの就労を経験する人はいるが継続が難しいことから，支援のための社会資源や地域との連携が課題としてあげられている。

　WC事業を女性のための就労支援事業として分析対象とした研究に，先述の社会政策学会大会の仲修平報告がある[8]。仲報告では，WC事業を担当した情報の輪サービス株式会社[9]（以下，情報の輪サービスと称す）が大阪府豊中市で実践してきた女性を対象とした就労支援の経験に着目し，その経験がWC事業にどのようにいかされているのかを分析したものである。その結果，女性の就労支援を「個々の女性にとってのキャリア形成」ととらえている点が豊中市の実践と共通していると指摘している。つまり，就職することが終着点ではなく，ひとつのキャリアとしてステップアップすることを目的としているというのである。一方，WC事業の特徴は，「『暮らし』を含めた支援」を実践している点がこれまでの支援との相違点であると指摘している。しかし，暮らしを含めた支援が女性を対象にした就労支援にどのような意義を持つのかについては言及されていない。

　本稿は，これまでの就労支援において明らかになった①就労困難者は複合的課題を持っており，就労支援にはそうした課題の解決も必要であること，②就労支援には生活支援も必要であることを踏まえて，女性のための就労支援にはどのような支援が求められるのか，また，女性に特化した就労支援の

意義は何かを WC 事業を対象に考察する。

1. 女性の就労支援としての加賀市ワーク・チャレンジ事業

　ここでは，WC 事業が女性を対象とした就労支援事業となったプロセスを概観する。

　WC 事業は，加賀市が2016年度に採択された「地方創生推進交付金」における「都市と地方をつなぐ就労支援カレッジ事業」を元にしており，人口減少対策のための事業であった。加賀市は事業を推進するにあたり，弘前市のりんご農園での人材還流・移住に成果のあった A ダッシュワーク創造館[10]と株式会社泉州アグリ[11]に調査，企画提案を依頼した。その結果，「就労を模索する層，改めてキャリア形成をめざす層」などを対象に就労体験によって人材を掘り起こし，還流させる事業が構想された。つまり，加賀市の基幹産業である観光・旅館業と連携し，都市部の女性を移住・還流させ，「働きづらさや，生きづらさを抱えている女性たちの『しごと』と『くらし』の再生」を目的とした「観光分野等と連携した就労支援カレッジ」事業として取り組むことになった。

　従来，旅館の仕事の多くは女性が担ってきたことから，本事業は女性の就労支援事業として展開することになったのである。加えて，当時は，観光・旅館業においても人手不足という課題を抱えており，本事業と連携し就労体験の場を提供することによって人材確保と人材育成のノウハウを得るという観光・旅館業にとっては企業支援ともなる事業であった。つまり，WC 事業は，観光分野の企業支援と女性の就労支援という枠組みで始まったのである[12]。

　女性の就労支援事業として展開するにあたり，2018年 7 月，A ダッシュワーク創造館において京阪神の女性・若者などを対象とした相談支援団体が10団体程度参加する中で，主催者から困難を抱えた求職（転職）者は，①職業経験がない（少ない），②離転職が多い，③働いた経験はあっても離職期間が長い，④不安定な雇用が長期化・固定化している，⑤その他，家族の問題，家計の問題など多様で多重な困難を抱えていると整理され，そのため，

WC 事業では，女性（支援対象者）と企業等（求人者）と団体（支援者）が就労準備から就労体験，職業紹介，就労定着の各ステージにおいて，情報の共有，交渉・調整をしながら就労支援をするシステムが必要であると説明された[13]。就労支援の入口として京阪神の相談支援団体が窓口となって，大都市で働きづらさ・生きづらさを感じている女性たちが本事業の就労体験を通して，加賀市に移住して就労自立を果たすという取り組みである。ただし，「観光分野等と連携した就労支援カレッジ」としての移住・就労自立には，2〜3年の就労で旅館でのキャリアを積み，他産業へ転職するケースや他地域の同業種に進むケースも想定されており，旅館・観光業でのキャリアを次に活かすための女性のキャリア形成支援として位置づいていた[14]。

２．加賀市ワーク・チャレンジ事業の概略

⑴　就労支援の体制

　このように，困難を抱えた女性の就労支援事業として始まった WC 事業は，泉佐野アグリカレッジ共同企業体[15]が受託し，A ダッシュワーク創造館と情報の輪サービスが担当した。実施にあたっては，情報の輪サービス代表と同社代表の声掛けで起用された生活支援員兼キャリア形成支援員（以下，生活・キャリア支援員と呼称する）と A ダッシュワーク創造館の雇用による就労支援員が配置された。

　これら 3 人の女性たちによって，2018年度から女性の就労支援事業が開始され，活動拠点として宿泊型ラボ「こっとりと KAGA」が開設された。こっとりと KAGA は，木造 3 階建ての 2 階を事務局兼研修の場，3 階を居住スペースとしており，短期の就労体験者，長期のキャリア開発プログラム受講者の宿泊ならびに研修の場であると同時に，就労後の住居の機能も併せもっている。つまり，就労体験を経て加賀市に移住・就労をすることになった女性たちのシェア・ハウスである。

　また，こっとりと KAGA では就労後の支援対象者のみで居住する場合もあるが，長期キャリア開発プログラムを行う場合や，加賀市に移住して就職

活動を開始する女性がいる場合は，生活・キャリア支援員がともに暮らして支援を行う。つまり，生活をともにしながらの就労支援である[16]。

　この，「生活をともにしながらの就労支援」という点が，WC 事業の大きな特徴で，支援を受ける女性たちにとっては，常に話し相手，相談相手がいる中での支援となる。

(2)　就労支援の内容とプロセス

　ここでは，就労支援の内容とプロセスについて整理する。

　まず，WC 事業のプログラムへの参加は，先述の通り，女性支援・若者支援・生活困窮者支援などの相談支援団体を窓口にしている。こうした相談支援団体が，支援対象者にとって本プログラムが妥当と判断した場合，情報の輪サービスを通して就労体験につなぐことになる。つまり，京阪神の相談支援団体が生活をともにした就労支援の入口になるのである。就労体験には3段階あるのだが，支援対象者の事情によっては段階を踏まずに就労につなげる場合もある。

　以下，3段階の就労体験の内容を示す[17]。

【第1段階：1泊2日：加賀市での暮らしを知る】

　実際に加賀市に移住して暮らす場合の生活資源を知るためのコースである。実際に街を歩きながら，図書館，保育園，幼稚園，スーパー，惣菜店，飲食店などを確認し，加賀市での暮らしをイメージする。街歩きの後に，協力旅館・ホテルのロビーにて本事業の説明を聞く。

【第2段階：2泊3日：旅館での仕事を体験する】

　1日目はワークショップに参加，街歩きをし，こっとりと KAGA に宿泊。2日目は，就労体験先のホテル・旅館に宿泊し，配膳・客室準備・フロント業務など旅館での仕事を実際に体験する。3日目はこっとりと KAGA で地元の女性たちとランチ交流会を行う場合もある。

【第3段階：6泊7日：キャリア・プランを考える】

　こっとりと KAGA において，生活・キャリア支援員とともに生活しながらのプログラムである。時系列でこれまでの仕事や生活の経験を整理する作

業や成功体験・失敗体験を整理する作業などを通して自己分析を行う。これら一連の作業はワークシートに書き込み，自己を客観化する[18]。また，ワークシートへの書き込みによって，生活・キャリア支援員は，支援対象者の抱えている課題を共有し，どのように解決するかをともに考え，解決のための計画を立てる。一人ひとりの課題解決をしながら労働と生活をセットにしたキャリア・プランを作成する。このプログラムを通して，支援対象者は働くことを意識化するとともに，支援を実感するものと考える。

　相談支援団体からの紹介，就労体験，そして移住による就労という流れを図示すると下図のようになる。

　1泊2日コースでは，働きづらさ・生きづらさを抱えた女性が，日常から離れて自分のことをゆっくり考えるという「しんどさからの解放」の機会でもあり，困難を抱えた女性にとっては貴重な時間となる。その際に，WC事業の支援の体制や内容を知り，次のプログラムにつながる場合がある。また，6泊7日のキャリア開発プログラムまで参加すれば，就労だけでなく抱えているさまざまな課題の共有や解決方法までの踏み込んだ内容となり，そのことが加賀市での移住就職に踏み出す決心をすることにつながっている。

　支援の流れの特徴を整理すると次の4点になる。

　まず，相談支援団体など困難を抱えた女性の相談窓口をプログラムの入口

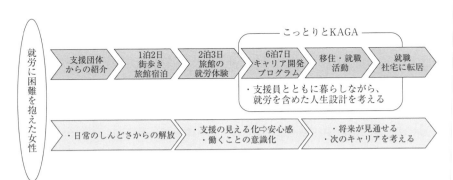

図1　こっとりとKAGAの就労支援の流れ

（参考）無料宿泊体験ツアー募集チラシ（2018年，2019年），令和元年度加賀市ワーク・チャレンジ事業ガイドブック，2020年3月事業報告会等より作成

にしていることで，本事業の目的に合致した支援対象者が参加することになる。また，相談を窓口にしているため，単なる就労先を探すという就労支援ではなく，就労が困難であることの背景にある諸課題をも解決する就労支援になる点が重要である。第2に，今後の生き方・働き方を考えるために，気持ちの余裕をもたせることにもなる1泊2日コースを設定していることは，困難を抱えた女性に寄り添った内容といえる。第3に，就労を体験するだけでなく加賀市での暮らしをイメージするための生活体験も含めた就労体験という，生活と就労をセットにした支援を行っていることである。そして，第4に就労につながる6泊7日のキャリア開発の際には，生活・キャリア支援員とともに暮らしながら課題の解決に向けて計画を立て，職種や就職先の絞り込みを行うという本事業の特徴的な支援をうけることになる。生活をともにしながらの就労支援の意義については，次節で述べることとする。

３．生活をともにしながらの就労支援とは

　生活をともにしながらの就労支援は，6泊7日のキャリア開発プログラムを受講するところから始まる。このキャリア開発プログラムに至る経路は，基本の1泊2日，2泊3日の就労体験ツアーを経て，こっとりとKAGAに滞在する場合もあるが，加賀市での就労・移住を前提に，まずはこっとりとKAGAに滞在する場合もある。いずれの場合も，生活・キャリア支援員と生活しながら，就労に向けた計画とともに就労を困難にしている課題の解決にも取り組む。そうした背景にある課題を解決することが長期的で安定した就労につなげるためには重要である。

　また，生活をともにすることによって，支援対象者のこれまでの経験をさらに知ることにもなり，支援対象者の資質を把握し，仕事につながる可能性がどこにあるのかを見極めることにもなる[19]。

　一方，支援対象者にとっては，いつでも相談できる人が身近にいるという安心感が得られることであろう。就労に向けて踏み出すにあたっての不安や悩み，就労後は新しい職場での人間関係や仕事の内容などについて，話しを聞いてくれ，共感してくれたり，励ましてくれたり，時には叱ってくれる人

がいることは，就労を継続・定着させる上で重要である。

さらに，「令和元年度加賀市ワーク・チャレンジ事業ガイドブック」に掲載されている就労体験ツアー募集チラシには，生活をともにしながらどのような支援を行うのかが具体的に示されている[20]。「あなたの『しごと・くらし・であい』を一緒に考えます」というキャッチ・フレーズとともに支援の柱が3つ示されているのだが，この②③がその内容を示している。

①ひとりひとりに合った「就職をサポート」

各人の特性や仕事について理解することや履歴書・面接・働き方プランについて学習し，それぞれのニーズに寄り添いながらサポートする。

②しっかり自立できるように「生活を支援」

社会保障・税金・保険など，自立に必要な資金について学ぶとともに，ひとりで暮らしていくためのサポートとして，献立作り，買い物・食事の支度・掃除洗濯などについて「生活を共に実践」する。

③はじめての土地でもひとりじゃない「こころの支援」

専門カウンセラー（生活・キャリア支援員）と一緒に暮らしながら，働くための基礎知識やコミュニケーションの方法などを学ぶ。

ここで重要なのは，「生活をともにしながら」の学びとサポートであるという点である。ここでは，学びの内容として，生活の保障ともなる年金や健康保険などの社会保障制度や働くための基礎知識などの社会的な知，また，経済的で効率のよい調理や掃除の方法などの生活の知があげられている。社会保障制度について知ることは，女性が一人でも自立して生きていくために必要なことである。これらを実践の中で，つまり，暮らしながら，日常会話をしながら，生活の様子をみながら，日々の生活をともに暮らしながら学習するのである。それは，説明を聞くだけでは伝わらない実際に即した話となり，実感がともなったものとして伝わるであろう。つまり，生活をともにしながらの就労支援は，女性がひとりでも生きていけるような支援をめざしているといえよう。

4.「女性の自立」のための労働と生活をつないだ支援 ——まとめにかえて——

　WC事業としてのこっとりとKAGAにおける就労支援事業をまとめると，次の3点が本事業の特徴であると同時に女性のための就労支援として必要な視点として指摘できよう。さらに，それは従来の就労支援事業を問い直す視点にもなると考える。

　第一に，加賀市への移住・就労は，女性のキャリア形成支援の一環であるという点である。つまり，加賀市に移住・就労することが目的ではなく，支援対象者の女性のキャリア形成そのものが目的だということである。したがって，加賀市でのキャリアをステップとして他地域，他業種にキャリア・アップすることも支援者の視野には入っている。

　第二に，相談支援団体を支援の入り口にすることによって，単に就労先を確保するだけでなく，就労に関わるさまざまな課題を解決することにもつながる点である。不安定雇用が長期に及んだり，離転職を繰り返すことの背景には，さまざまな課題を抱えており，そうした課題を解決することが長期的で安定した就労につながることになる。

　ここまでの2点は，女性の就労支援として，女性のキャリアを長期的視野でとらえる必要があることを示している。女性が，ひとりで自立して生活していくためには，就労におけるキャリアを中断させることはできない。そのためにも，長期的視野でキャリア形成を支援することが求められる。

　そして第三に，生活をともにした就労支援という点である。生活をともにしながら，日常生活の折々に，社会保障制度について知ることや経済的に生活することを学ぶことは，女性がひとりでも生きていけるための学びでもある。現在の社会保障制度が，「男性稼ぎ主」をモデルにしていることを知ることは，キャリアを主体的にとらえる契機ともなり，女性が自立して生きていく上で重要である。つまり，こっとりとKAGAにおける生活をともにした就労支援とは，「女性の自立」をめざした就労支援であるといえる。

　女性のための就労支援は，キャリア形成支援の一環であること，課題解決とともに就労支援があることは，従来の就労支援の問い直しであると同時

に，長期的で安定して働き続けるための就労支援，つまり困難を抱えた女性のための就労支援としての求められる支援である。こうした支援を生活をともにしながら実践することが，より効果的であると考える。

このように「女性の自立」のために労働と生活をつないだ支援を行うというのは，労働と生活を分断することによる性別役割分業が「男性稼ぎ主」をモデルとした社会システムを構築させ，そのことが女性の自立を阻んでいることの問い直しともいえよう。

＊本稿は，科学研究費助成事業「困難を抱えた女性への就労定着支援のためのシステムとネットワーク構築に関する研究」（課題番号19K02433：研究代表者・野依智子）の一環である。

【註】
1）「令和2年度加賀市ワーク・チャレンジ事業『観光分野等と連携した就労支援カレッジ事業』」実績報告書より。
2）前掲1）．
3）第141回社会政策学会大会は，2020年10月25日―26日においてオンラインで開催された。WC事業を対象とした報告には，筒井美紀「加賀ワークチャレンジ事業（加賀WCP）の概要と分析枠組み」，神崎淳子「地方創生の課題と地域就労支援の自治の可能性」，仲修平「大阪府の就労支援事業によって萌芽した資源の帰結点」があった。
4）旧NPO法人北九州ホームレス支援機構のことである。
5）奥田知志・稲月正・垣田裕介・堤圭史郎『生活困窮者への伴走型支援：経済的困窮と社会的孤立に対応するトータルサポート』明石書店，2014年，p.216.
6）植野ルナ「若年無業女性 “ガールズ” の自立支援に取り組んで」『月刊社会教育』NO.710，国土社，2014年12月。
7）小園弥生「横浜市男女共同参画センターの “ガールズ” 支援：生きづらさ，そして希望をわかちあう『場づくり』」小杉礼子・宮本みち子編著『下層化する女性たち：労働と家庭からの排除と貧困』勁草書房，2015年。
8）仲修平，前掲3）．本フルペーパーを基に，仲修平「大阪府の就労支援事業によって萌芽した資源の帰結点―女性起業家による活動の軌跡―」『社会政策』第13集第1号，ミネルヴァ書房，2021年，pp.84-95がまとめられている。

9）女性の就労支援・再就職支援のために1984年に設立された株式会社。シングル・マザーによる飲食店経営なども手掛けると同時に，女性と若者のためのNPO法人も設立している。

10）正式名称は大阪地域職業訓練センターである。2008年に5団体の出資により設立された有限責任事業組合である。職業訓練だけでなく，就労支援・企業支援も提供している。

11）地域若者サポートステーションを運営しているNPO法人おおさか若者就労支援機構から生まれた株式会社。アグリビジネスで「人づくり」を目指し，農業を志す若者や働きたくても働けない若者で6次産業を実践している。

12）前掲1）.

13）2018年7月22日，Aダッシュワーク創造館における事業説明会での西岡正次氏資料より引用。

14）前掲1）. ここまでの事業説明については，この報告書を参照している。

15）構成団体は，NPO法人おおさか若者就労支援機構，株式会社泉州アグリ，Aダッシュワーク創造館，情報の輪サービス株式会社の4団体である。

16）「加賀市ワーク・チャレンジ事業『働く×つながる×学ぶ』女性のキャリア開発プログラム」報告会（2020年3月7日，Aダッシュワーク創造館）での生活・キャリア支援員の報告から。

17）2018年6月20日から8月25日までの就労体験ツアー募集チラシの体験スケジュールより。

18）6泊7日キャリア開発プログラムの生活・キャリア支援員作成ワークシートより。

19）前掲16）.

20）「旅館宿泊体験ツアー参加前に知っておきたい加賀市ワーク・ワークチャレンジプログラムのこと」『令和元年度加賀市ワーク・チャレンジ事業ガイドブック』（情報の輪サービス株式会社こっとりとKAGA事業部）より。

生活者としての父親たちの学びと 新しい価値の創造
―「シングルファザーハンドブック」作成を事例に―

吉岡 亜希子

はじめに

　未だ性別役割分業が根強い日本において[1]，家事や育児といった生活上の当事者を免れてきた男性がシングルファザーという子どもをケアする当事者に立場を変えると生活が立ち行かないほどの深刻な困難に直面する。本稿では公的社会教育や市民団体等による子育て学習の場において学習主体として十分に対象化されてこなかった父子家庭の父親に着目し，筆者自身が関わった実践の過程を検討することで，ワークライフバランス（WLB）時代における子育て期の社会教育実践の課題と可能性を検討する。

　筆者は父親を対象とした社会教育実践が公的にも市民による子育て支援組織においても不十分であるという問題意識のもと，2011年に「おやじの会」を組織している父親たちと共に「父親ネットワーク北海道」を設立した。学び合いと仲間づくりをその目的とし，北海道各地で父親の学習交流会を開催する中，シングルで子育てに取り組む父親Aさんと情報交換をする機会を得た。Aさんは正規雇用の専門職であったが，園児であったわが子の子育てと仕事の両立が難しく，離職を余儀なくされていた。Aさんは，情報交換や支援の情報を得られる場が乏しく苦労した経験からシングルファザーの相談に応じる個人のホームページを立ち上げていた。こうしたAさんの経験

を知り，シングルファザーが情報交換を行う場やつながり合う学習機会が必要だと痛感した筆者は，「父親ネットワーク北海道」の主催事業として，2015年にシングルファザー向け学習会を開催した 。筆者はこの学習会でAさんに加え2名のシングルファザーとつながりをもつこととなる。学習会で共有したシングルファザーの困難を広く社会に向けて発信する必要があると筆者と3名の父親たちは合意し，「シングルファザーハンドブック（以下，ハンドブック）」[2]作成へと展開していった。

　本稿では，まず，労働の場，および，公的社会教育の学級・講座や市民組織による子育て期の社会教育実践における学習者としてのシングルファザーの位置を整理した上で，シングルファザー当事者による「ハンドブック」作成を通した学び合いの内実を描写する。この実践を通じて明らかになったシングルファザーがかかえる仕事と生活の課題をふまえて，子育て期における新たな社会教育実践を拓く手がかりについて考察する。

1．社会教育実践におけるシングルファザーの位置

　社会教育実践において子育て期の父親がどのように位置づいてきたのか，あるいはこなかったのか。本年報と同様に労働を扱った年報第57集『労働の場のエンパワメント』（2013）[3]では，2000年代の「雇用の流動化」により，若年ホームレスや非正規労働の女性などを典型に労働の場から排除される人々の問題とエンパワメントを捉える。そして「近代原則」である「成人・男性・健常者基準」でつくられてきた「働く場」の矛盾を乗り越えるための論考がまとめられている。このように労働の場の課題や学びを捉える視座には，正規雇用，成人，男性というカテゴリーに含まれてしまうシングルファザーは，排除される対象としては見えにくく，学習主体としても可視化されにくい存在であった。

　次に，公民館をはじめとした社会教育機関が子育て期の学習対象をどのように捉えてきたのかを確認する。文部科学省の社会教育調査報告書によると，平成29年度に公民館で行われた「育児・保育・しつけ」の講座は11,620件，受講者は女性309,902人，男性105,947人となっている。受講者数がその

まま学習対象者を規定する指標にはならないが，公的な社会教育機関で行われる子育て講座の多くが平日の日中に設定されるなど，地域にいる女性が参加しやすいことが指摘される。現状では，子育て学級・講座を女性（母親）限定としているものはまれであり，男性（父親）を排除してはいない。日中働く母親もシングルファザーも，排除はされていない。しかし，親の置かれている状況によって，学習機会へのアクセスに格差は存在している。

　WLBの議論では，ジェンダーが中心的な課題の一つとして位置づけられる。その視点の多くは，女性の側から問題提起がなされてきたものである。社会教育の領域においては，女性問題学習に学ぶ点が多い。そこでは，女性が自らの生き方を問い，自らと自らの周りの世界を変容させてきたが，女性問題学習の系譜における男性の学習は，差別する側としての気づきや変革を迫ることを主要テーマとしてきた。1990年に行われた『男性改造講座』（東京都足立区女性総合センター)[4]は，そのひとつの事例である。

　他方，市民組織による子育てにかかわる社会教育実践では，子ども劇場，家庭文庫，共同保育所，共同学童保育運動など，母親たちを中心とした社会教育運動の歴史が数多く存在する[5]。1980年～90年代には，乳幼児を育てている母親が育児不安や一人ぼっちの子育てを乗り越えることを目指した子育てネットワークが形成された。子育て期の母親が自ら子育てサークルやネットワークを組織し，学び合いながら社会教育実践者として自らと自らの周りの世界を変えていくことに力を尽くしてきた[6]。母親同士の連帯によって展開してきたこうした実践においては，父親は脇役であり，シングルファザーに至ってはそもそも連帯の対象として想定されてこなかった。すなわち，子育て期の社会教育実践においては，子育てをめぐる切実さの違いが，母親と父親の関わりの差を生む結果となってきたのである。

　母親たちのネットワークからやや遅れ，2000年代に入ると，子育て期の父親を学習主体として位置付けた社会教育としての子育てネットワーク実践が展開する。それらは，平成に入った1990年前後にいわゆる「おやじの会」が全国の保育所，幼稚園，小学校，中学校に登場し，その後，大きく広がりを見せたことが土台となっている。これ以前にも1970年～80年代に非行問題に端を発した地域ぐるみの子育て運動（北海道稚内市）などがみられた[7]。こ

の運動では，教師や母親，地域住民だけでなく，父親たちもその担い手として位置づいていた。

　こうした「おやじの会」の広がりや地域ぐるみの子育て運動の蓄積をベースに，2011年12月，「おやじの会」の父親たちによって「父親ネットワーク北海道」が組織化された。「おやじの会」に共通していた継続性の課題を乗り越えるための仲間づくりと励まし合いがその目的であった。「父親ネットワーク北海道」と同様のネットワークは，すでに全国各地に生まれており，父親の子育てネットワーク運動が文化として根付き，広がりつつあるといえる[8]。だが，父親のネットワークの多くは，主たる養育者としての母親の存在を前提とした活動となっている。そこでは，シングルファザーは必ずしも学習主体として想定されておらず，彼らが抱える困難を可視化し学習実践に組み込んでいく動きは見られなかった。同じ子育て期の父親でありながら，ある種の分断がみられたのである。

　以上の通り，シングルファザーは，労働の場における学習主体としては可視化されにくい存在であり，公的社会教育における子育て学習の場においても，市民組織による学習の場においても学習主体としては位置づいてこなかった。

２．「ハンドブック」作成の展開過程

　本節では，学習主体として排除され続けてきたシングルファザーを位置づけた「ハンドブック」作成の社会教育実践を取り上げる[9]。全国の父子世帯は約18万7000，母子世帯は約123万2000である（「平成28年全国ひとり親世帯等調査」厚生労働省）。父子世帯は世帯の数が母子世帯に比べ少なく，シングルファザーは性別役割分業社会で優位とされる男性という性別ゆえに，不利益を被る割合が高い女性ほどには注目されてこなかった。社会教育実践における学習主体として不可視化されてきたことは前節で指摘した通りである。だが，「ハンドブック」作成を通して浮かび上がってきた彼らの問題は，性別役割分業社会の男性であるが故の課題でもあった。

　前述のように，「父親ネットワーク北海道」の取り組みとして，2015年に

「シングルファザーの学習交流会」が実施された。当時は前例のない取り組みだったため，新聞に掲載されたが，申し込みをしたシングルファザーはわずか2名で，そのほかの参加者は子育て支援者，教育関係者であった。筆者は2001年から市民組織である「さっぽろ子育てネットワーク」の運営委員となり，父親の学習機会の充実を目指した子育て講座を企画してきた。しかし，母親に比べ参加者が極端に少なく，人集めに苦労するという課題を常に抱えていた。今回のシングルファザー学習交流会も例外ではなかった。

なぜ交流会から「ハンドブック」作成へと展開することができたのか。以下に経過をまとめる。交流会ではまず，シングルファザーの相談活動を個人で行っているAさんに話題提供を依頼した。日々の子育てで戸惑ったことや従来の働き方ができなくなり転職を余儀なくされた経緯などが詳細に語られた。参加した父親の一人は，「シングルファザーになったばかりの頃の子育ては，海外で子育てしているようでした」と発言した。誰も知り合いがいない世界，言葉も通じない孤独な世界だったことが表現され，子育てについて共有したり語り合う人間関係は皆無であった苦しさが語られた。こうして話し合いの中でシングルの苦労や思いを分かち合える仲間づくりや情報発信の必要性が共有されていった。だが，参加者の声から講座形式の学習会の会場に出向くことは，小さな子どもを育てている父親にとって物理的にも心情的にも非常にハードルが高いことが指摘された。この時点では講座形式の学習を通した仲間づくりとは異なる手法を見つけ出せずにいた。

シングルファザーの子育てをめぐる課題を知り，社会教育実践を組織するものとして筆者ができることを模索した。当時，全国の父親による子育てネットワーク活動を調査しており，その際にいくつかの自治体や団体が「父子手帳」という父親向け子育て支援ブックレットを発行していることを知った。それらを比較検討したところ，当事者がかかわって作成されたブックレットの内容が際立っていることが分った。この「父子手帳」をヒントに，シングルファザー当事者による「ハンドブック」作成を父親たちに提案し，賛同を得ることとなった。

2017年に地域の福祉団体から助成を受けることが決まり，「ハンドブック」作成へのスタートを切る。主なメンバーは，学習交流会でつながったシング

ルファザー3名と筆者の計4名であった。シングルファザーの内の一人は，前述のAさんである。当時，中学生の女の子を育てていた。Bさんは，中学生の男の子と小学生の女の子の父親で，元々は正規雇用の専門職であったが労働時間が長く，不規則だったため子育てと仕事の両立が困難となり離職している。国家資格を活かし，起業独立の道を選択していた。Cさんは小学生と保育園年長の二人の男の子を育てながら離職することなく会社員を継続していた。3人の内，Cさんだけが職業を継続していた。シングルになる前は，3名共に母親が主たる子育ての担い手として存在することで，自身の仕事が成り立っていたという。また，彼らの共通項として，実家の親などが身近に住んでいない環境であった。実親と同居していたり，近隣に暮らしているシングル家庭とそうではない家庭は，まったく問題状況が異なるため，彼らは，親族による手助けが受けられない家庭を想定して「ハンドブック」を作成することを望んだ。

　だが，孤軍奮闘しながら子育てと仕事に追われる父親たちが集まり議論する時間をつくることは困難を極めた。限られた回数の編集会議とSNSでの情報交換で内容を検討し構成を定めていった。以下は，編集会議で語られた内容を議事録から整理したものである。

　1回目の編集会議は商業施設のカフェに集まり経験交流を行った。具体的な暮らしや仕事についての経験が多く語られた。コンビニ弁当を買って父子で分け合って食べている現実や，ほとんど家でご飯を炊かない生活，所得要件により公的支援が受けられなかった経験，離職の選択を余儀なくされた経験が共有された。父親たちの語りを筆者が書きとめ整理する役割を担った。

　その中で，最も深刻な課題としてあがったのが「孤独」である。たとえば，次のような語りがあった。「お父さんはネットワークづくりが下手。本当に男はすぐに孤立してしまいます。男に井戸端会議や茶話会はないのです」，「どこまで人に頼っていいものか悩みます。保育所などで顔見知りになった方が残業の時などに子どもを預かってくれるのですが，いつまで甘えていいものか。皆さんどうされているのでしょう」，「シングルファザーには，シングルマザー同士のような持ちつ持たれつは，ほとんどないと思います。同じ状況の人がほとんどいないので。孤独です」，「職場でも子育てのこ

とは話しません」。

　公的支援が受けにくいという課題も，共通した経験であった。「シングルになって行政の窓口に相談に行ったところ，母子家庭の支援ばかりでした。仕事を辞めて新しい仕事に就き，収入は大幅に減り，子育てと家事で本当に大変でした。頼る場所がなくて役所に行くのですが，"収入があるでしょ"と言われ，何の支援も受けられませんでした」，「役所に行っても収入制限で"自分で民間のベビーシッターさんを頼んでください"と言われました。おむつも外れていない子どもの世話と仕事でてんてこ舞いでしたが，助けてもらえませんでした。しかし，民間のベビーシッターさんはそれなりの料金で度々頼めるものではありません。無理やりにでも仕事を切り上げて，子どもの世話を優先していました」。

　さらに，子育てをしながら定時に出勤して残業をこなすことは不可能であったため，3人中2人が離職を余儀なくされ，時間の融通が利く勤務形態の仕事を選択していた。収入はいずれも大幅にダウンしている。

　仕事を継続しているCさんも「保育園のお迎えに合わせると残業もできないし，休日の仕事もできないので，チームで動く仕事だと結構辛いです。責任が果たせないこともでてきて，一緒に仕事ができないのになぜ上司として指示するんだという後輩からの愚痴が聞こえてきます」という苦しい胸の内を明かしていた。また，「シングルになる前と同じ働き方をしていると必ず破綻します。同じ働き方を続けるなら，子どもが小さな内は乳児院や児童福祉施設で育てることも考える必要があると思います。なぜならしわ寄せが子どもに行ってしまうから。場合によっては仕事を辞めて生活保護を受け，子どもが少し大きくなってから仕事を再開するという選択もありだと思います」。このように仕事か子育ての選択を迫られる現状に対する怒りを含んだ発言もあった。

　2回目は，札幌市内の生涯学習施設の学習室で開催した。2回目ということや個室というプライバシーが守られる環境であったため，自己開示が進み，ひとり親となった経緯や職場から受ける評価，自己責任というシングルへの眼差しの厳しさについても詳細に語られた。職業の継続に関わって転職の問題も議論された。「夜の7〜8時から会議が始まるような職場で脱サラ

以外ない状況でした」，「私はいま医療系の技師として午前中は働き，午後はインターネットを活用した物販を手掛けたり，医療施設のコンサルタントをしています。あえて複数の仕事を行い，収入を分散しているのです」。

その上で，父子家庭の支援には何が本当に必要なのか，具体的な支援策が各メンバーから提示された。「父親個人ではなく，企業への助成により離職を避けられるのではないか」といったアイディアや，「シングルファザーのシェアハウスの整備」について提案があった。

3回目は，2回目までの発言内容や意見を整理し，筆者から仕事編，家事編，子どもの育ち編，相談編の4項目でまとめる構成案を提示した。この他にAさんの紹介により，全国の父子家庭の支援を行っている団体の代表理事インタビューを掲載することとなった。また発行に向けた構成案が整い，印刷のめどが立ったため，社会へ向けた発信として完成記念交流会を実施することを決めた。3回目は課題や困難な状況だけでなく，父子家庭の気楽さや教育方針にかかわるプラス面も語られるようになっていった。こうした思いは「ハンドブック」の編集後記として，以下の言葉にまとめられた。

シングルファザーとして，色々な経験からみえてきたことをまとめました。思っていた以上に大変なこともありましたが，一方では，気楽なこともたくさんあります。教育方針はすべて自分で決められますし，気分によって，今日は掃除，洗濯は無しにして，朝から飲んじゃえ〜という休日もあったりします（笑）。このハンドブックは同じシングルのお父さんがホッとするような，共感してもらえる内容を心掛けました。そして，父子家庭の支援をしている方にシングルファザーがどんなことで困っているかを伝えられたらという思いも込めました。多くのシングルファザーにこのハンドブックが届くことを願っています。仲間がここにいます。

2018年3月末に「ハンドブック」が完成し，7月には完成記念交流会を開催した。シングルファザーとして孤独な子育てを課題としてきた父親たちは，「ハンドブック」作成という社会教育実践を契機に，父子家庭の諸課題を整理して社会へ発信することとなった。札幌市内の生涯学習施設で開催さ

れた完成記念交流会には，シングルファザー当事者の参加はなく，父子家庭で子育てをしている息子がいるという女性や父子家庭支援に携わる支援者，父子家庭の子育て支援に関心を持つ大学生などが参加した。シングルファザー当事者との交流はかなわなかったが，作成にかかわった父親たちには変化がみられた。Ｂさんからは，「ハンドブック」で扱ったシェハウスに関心を持ち，起業した不動産会社の事業として展開していく構想が語られた。また，「ハンドブック」が完成し交流会が終了した後も，Ｃさんは積極的にシングルファザーの課題を発信するため，テレビ局の取材を引き受け，子育て学習会やシンポジウムでの発言にも継続して取り組んでいる。

３．シングルファザーの学習課題

　本節では「ハンドブック」にまとめられた項目をたどりながら，シングルファザーの学習課題を確認する。まず「仕事編」では，職業の継続に関わる困難について，繰り返し注意が喚起された。性別役割分業に支えられた長時間労働は，女性の支え手が存在しなくなると職業を継続できなる。そうした環境の中で男性が引き受けてきた働き方を変えることなく子育てと仕事の両立することは不可能であるという。しかし，転職に踏み切った２名は想像以上の困難を経験しており，「ハンドブック」では職業をかえずに継続する方法の模索が勧められている。

　離婚に関わるカミングアウトの問題も取り上げられた。男性は私的生活を職場で開示することに対して慎重である。「男はがまん，弱みは見せたくない」といったジェンダーによる縛りは，職場で助けを求める声を上げることができないことにもつながっており，一層の孤立を招いていた。男性が子どもを預け合う関係をつくることの難しさも記述された。人の助けを借りる経験の乏しさも課題といえよう。

　「家事編」では，性別役割分業社会において，生活に関する男性のスキル不足が子どもの弁当作りや日常の食事づくりに困難をもたらしていた。また，家事や子育ての知恵をやり取りするような人間関係の乏しさも困難として記述された。

「子どもの育ち編」では，祖父母など親族の手を借りられる家庭と借りられない家庭を分けて考え支援を行う必要性について指摘された。また，シングルファザーというマイノリティだからこそPTA役員を引き受け，顔見知りの保護者を作ることの意義が強調された。

　「相談編」では，シングルファザーとなり収入が減っても，厳しい所得要件により公的支援が受けられないという課題が指摘された。また，男性が職場だけでなく地域においても，助け合う関係づくりに困難があることが取り上げられた。それらを乗り越えるために，地域の子育て支援の場や子育て支援組織につながる方策が提案された。

　後半は東北を拠点に活動している「全国父子家庭支援ネットワーク」代表理事（村上吉宣氏）のインタビューが掲載された。代表理事からは，シングルファザーの初期段階は周りが敵に見えがちで，父子家庭の父親が陥りがちな行動特性が紹介された。その上で，シングルファザーへ10箇条のエールが送られた。その概要を以下に紹介する。

　1．自分らしく生きるために自分を許そう，2．自立とは人の手を借りながら生きること，3．その正しいは優しいとイコールであるか問い続けよ，4．相談は困っていることを話し，一緒に考えてほしいと話すことから始まる，5．「笑っている父親」を目指そう，6．地域活動は自分たち家族が見守られて生きていく環境整備，7．制度の利用はマイナスではない，活用しよう，8．家事のゴールは安心空間を作り上げること，9．子ども達も家事業の戦力に育てよう，10．自分に染み付いた男らしさを疑い，働き方を疑い自問自答せよ

　自分の手が足りない時に人の手を借りることができる力をつけることの意義が強調され，「一人で頑張るのはカッコ悪いと思えるようになるといいですね」と締めくくられた。

　「ハンドブック」の最後はシングルファザー経験者からこれからシングルファザーで子どもを育てようとする人への，「離婚をする覚悟，親権をとる覚悟，養育していく覚悟」という三つのメッセージを掲載した。このメッ

セージの掲載を強く望んだBさんは，仕事と子育てで自分がつぶれそうになった経験をベースに，公的な支援を十分に受けられず，仲間づくりも困難な状況で子育てをしなければならない日本の状況を批判しながら，個々の父親に対して慎重な判断を促している。

おわりに

　本稿では，シングルファザー当事者による「ハンドブック」づくりを通し，子育て期における今日的な社会教育実践の課題と可能性を検討した。男性が子育てをひとり親として引き受ける時点で「成人・男性・正規雇用」というカテゴリーに属していた場合，労働の場から排除される対象としても学習主体としても可視化されにくいという課題があった。また，公的社会教育機関においても，子育て期の学習対象として排除されるわけではないが，積極的に位置付けられてもこなかった。母親を中心に組織されてきた市民組織による社会教育実践においても，シングルファザーは連帯する対象として想定されてこなかった。父親を学習主体として位置づけた子育てネットワーク実践においてさえ，その多くが主たる養育者としての母親の存在を前提とした活動であり，シングルファザーを位置づけていない。同じ子育て期の父親でありながら，交わることのない分断状態があった。

　このように存在自体がみえにくい子育て期のシングルファザーを学習主体と位置付けた社会教実践はどのように創造していくことができるのか。本稿で整理したシングルファザーの仕事と生活にかかわる課題には，①職業の継続にかかわる困難，②男らしさの呪縛から助けを求めにくいという女性とは異なる固有の課題とそれに伴う孤独な子育て，③性別役割分業社会の影響を受けた家事・育児スキルの不足，④所得要件により公的支援を受けにくいという課題があった。当面，こうしたシングルファザーの課題に応える社会教育実践の創出が求められよう。

　性差別が依然として残る日本社会において，シングルファザーは育児の側面では母親と重なる課題，男性という性別の側面からはパートナーのいる父親と重なる課題の両面を持ち合わせる存在である。つまり，シングルファ

ザーへの着目は，性別を超え，子育て期の親をすべて含みこんだ労働と生活の在り方を問うていく社会教育実践へとつながる可能性をもっている。

【註】

1）内閣府が毎年発行している『男女共同参画白書』令和2年版の男女別「家事・育児・介護時間」の推移を見ると，女性（年齢計）は，平成8（1996）年以降の15年間約215分（3時間35分）と横ばいである。一方男性（年齢計）は，平成8（1996）年から平成28（2016）年にかけて24分から44分に増加したものの，依然として女性より圧倒的に低い水準である。

2）「シングルファザーハンドブック」の全文は，「父親ネットワーク北海道」サイトに掲載されている（https://fathers-net-hokkaido.org.〔2021年6月7日取得〕）。

3）日本社会教育学会編『日本の社会教育第57集　労働の場のエンパワメント』東洋館出版社，2013年。

4）足立区女性総合センター編『男性改造講座　男たちの明日へ』ドメス出版，1993年。

5）佐藤一子『子どもが育つ地域社会　学校5日制と大人・子どもの共同』東京大学出版会，2002年。

6）「1988年に公民館との協同活動から生まれた「貝塚子育てネットワークの会」が日本の子育てネットワークの草分け的存在である」（『社会教育・生涯学習ハンドブック』第8版　p 598-601参照）。

7）「地域と教育」再生研究会『稚内の子育て運動と教育再生＝地域再生』「地域と教育」再生研究会調査研究報告書第2号，2011年。

8）吉岡亜希子，「父親の子育てネットワーク活動の成立条件と類型化—家庭教育を支える学習組織としての役割に注目して—」，『北海道文教大学論集』第20号，2019年3月，p 41-54.

9）筆者はこの「ハンドブック」作成過程に支援者として関わった。ここでは，作成に関わったシングルファザー3名の許可を得て，議事録やSNS・メール上での発言記録に基づき，実践過程を再構成する。なお，「ハンドブック」はすべて匿名（ニックネーム）で執筆された。

「学校における働き方改革」と
ジェンダーをめぐる課題
―佐賀県多久市教育長のキャリア形成プロセスと
改革実践の事例をもとに―

飯島　絵理

はじめに

　本稿は，初等中等教育の現場で働く教員の男女格差の実情を踏まえ，「学校における働き方改革」の施策のあり方を検討し，ジェンダーの視点の必要性について考察することを目的とする。考察にあたり，ジェンダーの視点を反映させて教員自身の仕事と生活のありように焦点をあてた改革を行う佐賀県多久市教育委員会の事例を取り上げ，改革を主導する教育長のキャリア形成のプロセスにおけるジェンダーにかかわる課題への気づきや葛藤といった経験が，改革の実践にどのような影響を与えているかを探る。

　学校教員は，専門性の高い職として，一般に女性も就労を継続しやすい男女平等な職業であると考えられることが多い。しかしながら実際には，教員の働く環境は決して男女平等ではない。管理職に占める女性の割合は教員全体に占める割合に比して低く，意思決定過程に女性が十分に参画していない。この背景には，しくみや慣習といった職場における課題だけでなく，家庭生活の役割負担の格差も大きくかかわっている。そのため，学校教員の職場のジェンダー平等には，働き方と暮らし方，両面からの検討が欠かせない。大人の働く日常の場に子供がいるという教育現場の特色からは，このような格差が，子供たちの固定的な性別役割分担意識の助長につながることも

150　第Ⅲ部　変容する労働と生活の中で，新たな社会教育の理論・実践を拓く

懸念される[1]。一方，政策として推し進められている「学校における働き方改革」では，民間企業等を対象とした働き方改革とは異なって，労働や生活のありようの多様性やジェンダーに基づく今日的課題は，全く想定されていない。

このような背景を踏まえ，本稿では，第1節において，学校教員とジェンダーにかかわる先行研究の焦点と課題を整理するとともに，第2節においては「学校における働き方改革」の施策の現状と課題について検討する。その上で第3節では，前節までに示した課題への対応を探る手がかりとして，ジェンダーの視点に立ちつつ教員自身の働き方と暮らし方のありように着目して改革を行っている教育委員会の実践事例，およびこの改革を主導する教育長のキャリア形成のプロセスについて考察する。最後に，教員の働き方・暮らし方のありようを，ジェンダーの視点を反映して再構築する過程における社会教育的アプローチの可能性を提示することを試みる。

「学校における働き方改革」とジェンダーをめぐる課題の検討にあたり，本稿においてライフコースに沿った教育長自身のキャリア形成のプロセスを辿ることの意義は，1つ目に，キャリア形成上のいかなる経験がジェンダーにかかわる気づきや意識変容の契機となり，それらが学校改革の取組にどのように影響したのかを見ることで，キャリア形成上の学びのプロセスと改革実践のつながりおよびジェンダーの視点の具体を提示することにある。本稿で取り上げる教育長は女性だが，女性であればジェンダーの視点に立った改革実践を行うというわけではなく，また女性の経験も多様であるため，これらに着目することが必要となる。2つ目に，意思決定過程への参画に大きな男女格差があるなかでは，1つ目で述べたような具体化は，意思決定過程に異質な人材が参画することが持つ意味や，現状の「学校における働き方改革」の課題を乗り越える糸口を示すこととなり得ると考えることにある。

1．学校教員と男女格差

初等中等教育における教員の男女格差の課題の1つに，管理職率に占める女性の割合の低さ，特に校長の割合の低さがある。男女共同参画基本計画で

は，第3次（2010年12月閣議決定）から成果目標が掲げられており[2]，これらは上昇傾向にはあるが目標値にとどかず，微増に留まっている[3]。

　管理職の男女格差の要因にかかわる先行研究では，昇任システムや管理職養成の制度，また学年配置等の慣習といった職場の側面の検討に焦点をあてたものが散見される[4]。一方，生活の側面に焦点をあてた研究では，女性の管理職等へのインタビュー調査の結果をもとに，女性が仕事と家庭の両立に葛藤を抱える問題が指摘されている[5]。しかし，仕事と生活のありようの男女格差とキャリア形成や職場における格差との関係性，またこれらによる葛藤や困難を変革し得る手立て等の検討は十分とはいえない。

　これら先行研究の焦点と課題を踏まえ，筆者が担当した国立女性教育会館による全国の小中学校教員を対象とする量的調査[6]では，職場環境や管理職に関する意識等，仕事の現状とともに，家庭生活の役割分担や関連する性別役割分担意識等にも焦点をあてた。調査の結果からは，管理職を志向する女性教員の割合が極めて低いことや，管理職を志向しない理由として，女性は男性と比べて家庭生活の役割との両立困難や力量不足の認識を挙げる割合が高いこと，家庭生活の役割負担には大きな男女格差があり，女性教員は職位にかかわらず家庭生活の負担が大きいことなどが明らかになった。加えて，育児や介護等を担う教員は，本人の躊躇だけでなく，評価者である管理職からも，管理職になるための機会を提供されにくいこともわかった。

　これらからは，家庭生活における役割分担の男女格差が職場の意思決定過程への参画の格差にも影響していることや，様々な要因によって女性は管理職を志向する割合が極めて低いことなどから，たとえ職場の昇任の制度やしくみが変更されても，それだけでは管理職登用にかかわる格差は解消しないことが推察される。男女格差の是正に向けては，職場だけでなく家庭での格差や，格差を生み出す文化や意識，管理職を志向したいと思わない感情など，複合的な背景を様々な角度から考究する研究や学習・活動の実践が求められる。

２．「学校における働き方改革」の現状と課題

　教員の「職務と勤務態様の特殊性」に基づく特例であるいわゆる給特法を背景に，公立学校の教員には時間外労働の概念が適用されず，教員の長時間労働はこれまで見過ごされてきた。しかし，2014年に公表されたOECD国際教育指導環境調査（TALIS 2013）では，日本の教員の勤務時間が著しく長いことが明らかになり，教職員は，「過労死等が多く発生しているとの指摘がある職種・業種」の１つとして重点的に対策を行う対象となった[7]。2019年１月に取りまとめられた中央教育審議会答申を受け，現在，「学校における働き方改革」が強力に推進されている。

　「学校における働き方改革」の趣旨や取組内容は，経済・産業分野の方策とはかなり異なり，ジェンダーやダイバーシティの視点とのつながりが全く見られないものとなっている。民間企業等を対象とした「働き方改革を推進するための関係法律の整備に関する法律」（2018年７月公布）では，その目的は経済の活性化や持続可能性の追求ではあるが，そのために，長時間労働の是正，多様な働き方の実現，雇用形態にかかわらない公正な待遇の確保等に向けた措置が講じられている。ここにおいて，長時間労働は「健康の確保だけでなく，仕事と家庭生活との両立を困難にし，少子化の原因や，女性のキャリア形成を阻む原因，男性の家庭参加を阻む原因」[8]と位置づけられている。働き方改革は，女性と男性それぞれのワーク・ライフ・バランス支援の土台となっており[9]，2016年に施行された「女性の職業における活躍の推進に関する法律」の施策とも関連づけられて取り組まれている。

　一方，「学校における働き方改革」の目的は，学習指導要領の改訂にあたり，「教師が疲労や心理的負担を過度に蓄積して心身の健康を損なうことがないようにすることを通じて，自らの教職としての専門性を高め，より分かりやすい授業を展開するなど教育活動を充実することにより，より短い勤務でこれまで我が国の義務教育があげてきた高い成果を維持・向上する」[10]こと，つまり子供の教育のためという姿勢を前提としている。また答申では，教員個人のために長時間勤務の是正が必要とされる理由については，心身の

健康維持，精神疾患の防止等，労働安全衛生管理の観点が強調されている。

　文部科学省が2021年3月下旬にSNS上で始めた「＃教師のバトン」プロジェクトは，教員志望者が減少するなか，働き方改革の好事例や新しい教育実践等の共有を目的として呼びかけられたものであるが，実際には，長時間労働等の過酷な職場環境や，学校運営の維持がいかに個々人の家庭生活等の暮らしの犠牲の上に成り立っているかを訴える投稿であふれた。政府が進めている働き方改革の方向性は，学校現場において十分に理解されているとは言い難く，現状をどのように捉え，どのように変えていくべきかについての共有ができないまま混乱している状況がうかがえる。

　本稿の議論にそって「学校における働き方改革」のこのような実情を捉えると，その課題への対応の方向性として，以下3点が考えられる。第1に，子供の教育の質の向上のために必要な業務効率化を強調するだけでなく，教員のための職場環境の改善が必要であり[11]，同時に教員の働き方と表裏であるはずの暮らし方をいかに考えるかということに目を向けていくことがあろう。そのことが上述の混乱を解決する糸口にもなると考えられる。またそれなしでは教員志望者も増加しない。第2に，1つ目ともかかわって，働き方，暮らし方の男女格差の是正にも同時に取り組むことである。第3に，多様な働き方や暮らし方を前提とした働き方改革へのシフトである。教員の全体数が足りないなか，今後は非正規の雇用が増加し，教職員の多様化が進むことも予想される。学校で働く教職員は，育児や介護等を担いながら働く，暮らしも含めた多様なニーズを持つ集団であることを基本として，かつ男女格差の課題にも向き合いつつ職場環境を見直していくことが重要になってくるといえるだろう。

3．多久市教育長のキャリア形成プロセスと改革実践の事例

　前節でみた「学校における働き方改革」の施策にそった取組が各教育委員会で徐々に進むなか，教育長のリーダーシップのもと多久市が行う改革は，教員自らの働き方・暮らし方の問い直しに主眼が置かれていることやジェンダーの視点に立ち着手されている点において特徴的である。この先駆の取組

は，当市の田原優子教育長の自らの経験に基づいた決断に因るところが大きい。教育長へのインタビュー[12]からは，当市の取組が，教育長自身のキャリア形成のプロセスにおける仕事と子育てにかかわる葛藤や，ジェンダーにかかわる気づきと深く関連していることが明らかになった。本節では，教育長の略歴と改革実践の概要を示した後，教育長のキャリア形成のプロセスとジェンダーにかかわる気づきや意識の変化とその契機を見ていく。

(1)　多久市教育長のプロフィールおよび改革実践の概要

①田原優子教育長のプロフィール

　1956年多久市生まれ。短大で美術を学び，中学校二種免許状取得。卒業後，県庁臨時職員や臨時教員として働きながら通信制の大学で小学校免許状を取得する。中学校の正規教員となってからも学び続け，上級免許状を取得。日中は娘2人を母親に預けながら担任を持って働き，教務主任を経験後，2004年度から3年間，県の生涯学習施設に出向。教頭（小学校1校3年），校長（小学校3校6年）を経験した後，2016年度に教育長に就任。教育と教員の働き方の改革に取り組む。

②多久市教育委員会の改革実践の概要

　多久市では，「児童生徒の学び方改革」と「教職員の働き方改革」を教育改革の両輪とし，「自己肯定感に満ち学び方を身につけた子どもを育みたい」および「教師自ら生き生き働く素敵な大人のモデルになりたい」の2つを目標に掲げている。

　人口規模も小さく，財政も潤沢ではないが，総務省事業等の活用で，早くからICT教育環境の整備を進め，2018年には全国の教育委員会で初めて学習系・校務系のフルクラウド化を実現した。働き方改革については，会議のペーパーレス化や，勤務時間の端末による管理，週1回の定時退勤日の設定等により時間外の業務時間を削減し，また部活動の休養日の設定や地域型への移行等によって教員の負担を減らすとともに，教職員の意識醸成を図ってきた。また，フルクラウド化の利便性・安全性を活かし，育児や介護等をす

る教員が遅くまで学校に残らずに自宅で作業ができるように，学校現場では稀なテレワーク制度を導入している。

⑵　多久市教育長のキャリア形成のプロセスとジェンダーにかかわる気づきや意識の変化とその契機

　以下，教育長のキャリア形成をライフコースに沿って辿りつつ，ジェンダーにかかわる気づきや意識の変化とその契機について簡潔に示す。

①【幼少期～入職】ジェンダーにかかわる気づきや疑問

　２人姉妹の長女として生まれ，幼少期には，近くに住む炭鉱主である祖父の家で多くの時間を過ごした。祖母の話や日常の様子を見聞きし，女性や障がい者が家のなかで過ごし，男性たちと同じように社会に出ていないことに疑問を感じていた。炭鉱の閉山にともない家計が苦しくなったことや，父親が「女は勉強するよりも，22，23で結婚するのが当たり前，それが女性の幸せ」というような考えであったことなどから，奨学金を受け，アルバイトをしながら福岡市内の短期大学で美術を学び，中学校二種免許状を取得した。卒業後は，臨時教員等の仕事をしながら通信制の大学で小学校免許状を取得。中学校の正規教員となった後も学び続けて上級免許状も取得した。

②【子育て期】「仕事と家庭の両立」の葛藤

　県庁勤務の夫と結婚し，５歳離れた娘２人を日中は実母に預けながら育てた。当時，育児休業は制度上１年間取得できたが，１年間取得後に年度途中で復帰できる雰囲気ではなく，８月や11月に出産しても４月には職場復帰した。毎朝の出勤時間がぎりぎりになることも多く，上司からはよく皮肉を言われたり，怒られたりしていた。子供が熱を出しても言い出しにくい雰囲気もあった。当時，夫は育児に協力的ではなく，「時々，若い先生方に話すんですけれどね。泣きたいくらいだったとか，泣きそうだったとかいう表現があるけど，私は泣いてたよって」。「私は何のために生きているんだろうかとか，何を大事にしているんだろうかとか」考え，仕事を辞めようと思うことも度々あった。当時は，励まし合うような女性の同僚やロールモデルも近く

にはおらず，「大変なのに，なぜ担任まで持ってがむしゃらにやっているの」というようなことを，周りの女性教員からもよく言われた。それでも辞職を踏みとどまったのは，経済的な理由のほかに，担任を持ち子供と心を通わせる仕事の楽しさがあったからだった。

③【ミドルリーダー期】ジェンダーにかかわる課題への気づきと意識の変容

　担任を持って目の前の生徒たちと過ごす生活が楽しく，また自分が中学生の時に慕っていた教員の姿がモデルだったこともあり，管理職などにはならない「生涯一教師」が理想だと考えていた。しかし，県の教育センターで半年間の研修を受けた後，前任と新任の校長，教頭に強く勧められ，「覚悟を決めて」教務主任になった。これが自分のなかでは，精神的な「一番大きなハードル」だった。ミドルリーダーの立場に就くと，学校や教育委員会の管理職が男性で占められていることをあらためて実感するとともに，今まで子供たちを励ましてきたことと自分自身が教務主任になることを拒んでいたこととの矛盾にも気づいた。その後，男女共同参画センターを併設する県の生涯学習施設に出向して３年間を過ごすことで，「学校が外から見えて」，女性の管理職の少なさや，児童虐待の背景にある DV の問題等，ジェンダーにかかわる現状や課題をしっかりと把握することができた。

④【管理職・教育長期】個人的経験の職場づくり，人材育成，教育改革への反映

　管理職試験を受けることを勧められた際には，「これからは女性も管理職として責任ある仕事をしているところを子供に見せなくてはいけない」と考えた。学校に戻り，小学校教頭を３年経験した後，校長を３校６年務め，定年の１年前に教育長に就いた。校長を務めた時には，自身が子育て期に仕事との両立に苦労した経験を踏まえ，女性教員には出産・育児期のブランクができる前の早い時期に，研修参加や新たなポストへの着任を勧め，若いうちに自信をつけ，キャリア形成の展望が描けるようにした。また，自らが率先して早く帰るようにし，遅い時間までの会議をなくすなど，教員の勤務時間の削減にも気を配った。

　教育長になるよう打診があった時にも，驚いたり拒んだりする自分の感情

と向き合い，無意識にも教育行政のトップは男性だと思い込んでいたと気づいた。教育長に就くとすぐに，先述の教育目標と合わせて，在任期間中に「ブラック」から脱することを掲げ，労働時間を削減するための具体的な手立てを考えて実行した。このような目標を掲げるのは，教員が心身ともに健康に「生き生きと働いて，働くって素敵だなとか，大人っていいなと子供たちに思ってもらうことが，子供たちにいい影響を与える」という信念を持ち，また自分の子供との時間をつくったり，社会貢献活動をしたり，自己研鑽をしたりする時間が，教員にも必要だと考えるからである。教育委員会全体でこのように取り組むことによって，教員の意識にも変化があり，過去に自分が抱いていた「早く帰ることの後ろめたさ」を持つような風土もなくなっていると感じている。

(3)　多久市の事例に見る働き方改革におけるジェンダーの視点

　多久市の教育改革の目標の1つである「教師自ら生き生き働く素敵な大人のモデルになりたい」は，子供たちのキャリア形成への影響を見据えて，教員が自分自身の働き方・暮らし方を見つめ直すことの重要性を示している。この目標を掲げることで，働き方改革に，子供のためであるとともに教員自身のためという複眼的な視点を与えている。教員の仕事と生活における男女格差は，教員の働き暮らす日常を身近で見ている子供たちの性別役割分担意識に影響を与える可能性が大きいことからも，「子供のため」にという概念そのもの，つまり何が「子供のため」であるのかを根本から問い直す必要がある。この点においても，当市の教育目標は示唆的である。

　先に示した田原教育長自らのキャリア形成上の経験は，家庭生活の役割負担の大きさや意思決定過程への参画の男女格差，自分自身のバイアス等，ジェンダーにかかわる課題を認識し，意識や信条が変容していく学びのプロセスであったといえる。そして教育長は，これらの学びを組織の改革に積極的に反映させることを試みている。例えばテレワークは，セキュリティや労働時間の増加に対する懸念などから，学校現場では普及がほとんど進んでいないのが実情である。しかしながら当市では，教育長自身の経験から，男女

ともに，早めに帰宅して食事の準備をしたり，介護をしたりする必要がある教員にとって，テレワークは役に立つはずであり，教員の疲弊や離職を防ぐことができると確信して制度を導入し，利用を推奨している[13]。また，男性教員の育休取得についても，男性から取得申請があった学校の校長を支援したり，復帰後の男性教員の意識の変化や学級運営等への効果等を積極的に発信したりすることで，取得する男性教員を増やしたいと考えている。

　このように田原教育長は，校長や教育長として改革を主導する立場に就いたことで，自身の仕事と生活の葛藤を組織としての取組に反映させることができたが，一方で多くの女性は意思決定過程に参画する機会を持たず，管理職も志向していない。そのため，女性教員が家庭生活において大きな役割を担い，綱渡りしながら長時間労働をこなしていることは，多くの場合は潜在化し，山積する課題は個々人で対処するものとされている。田原教育長による改革実践の事例は，様々な背景を持つ多様な教員の意思決定過程への参画が，教員の暮らしのありように目を向ける取組への変革をもたらす可能性と必要性を明示しているといえるだろう。

おわりに：社会教育的なアプローチの可能性

　本年報のテーマである「ワークライフバランス時代」の時代的背景に照らすと，多様な働き方・暮らし方の広がりや，社会の大きな変容のなかにあって，いまだ多様でない働き方を規範とする学校現場の現状は，これらの変化とは対照的である。しかしながら，この時代的背景があるからこそ，働き方改革の施策のあり方と，教員の働き方・暮らし方の実情との矛盾が表出し，これを発端として多くの教員が仕事と生活のありようをあらためて問い直し，それにともなって組織のあり方も変わらなければ立ち行かない時期を迎えている。

　ジェンダー平等の実現は，持続可能な社会を維持していくための地球規模の課題である。それを担う子供たちのために学校が果たすべき役割は大きい。本稿では，教員の働き方・暮らし方の総体を再構築していくことを組織の課題として共有化すること，またそのために多様な人材が意思決定過程に

参画することの重要性を確認した。

　最後に，これまでの考察を踏まえ，教員の働き方・暮らし方をジェンダーの視点に立ちつつ再構築し，組織のしくみや風土を変えていくような継続した活動を進める上で，その過程における社会教育的なアプローチの可能性について考えたい。まず，田原教育長のキャリア形成の事例からは，「学校を外から見る」ことの重要性が示唆された。なかでも男女共同参画センターを併設する生涯学習施設での勤務経験が，個人のこれまでの生活上・職業上の経験を意味づける教育的な支援の役割を果たし，ジェンダーの課題をしっかりと把握する契機となった。学校や教育委員会の枠を超えた経験や学びのプロセスに，男女共同参画センターがかかわる意義は大きいといえよう。

　また，教職員同士のインフォーマルな学習の場が大きな役割を果たす可能性も考えられる。田原教育長のケースでは，女性教員同士の横や縦のつながりによるエンパワーメントの経験があまりなかったように，現状では，多くの教員にとって，ジェンダーにかかわる問題が，個々人で対処すべきものとなっていることがうかがえる。今後は，個々の経験や課題を共有した上で，既存の規範や価値観を棄却しつつ，どのような新たな職場をつくるかを問うていくような集団的な学び合いの場が求められるのではないだろうか。

　社会教育研究の今後の課題として，研究の対象と焦点を広げていくことを挙げておく。人々の労働と生活のありようはますます多様化している。本稿で取り上げた学校教員のようなこれまであまり研究対象とならなかった人々の教育・学習の実践についても掘り下げていくことが大切になるだろう。

【註】

1) 飯島絵理「女性校長はなぜ少ないのか，少ないことはなぜ問題か——学校教員の男女格差の現状と子供のまなざし」国立女性教育会館編『NWEC 実践研究』第10号，2020年，pp.204-223.

2) 第5次男女共同参画基本計画における成果目標は，副校長・教頭は2025年までに25%（現状2019年20.5%），校長は2025年までに20%（現状2019年15.4%）となっている。

3) 飯島絵理「学校における女性教員の過少代表をめぐる課題——学校組織と教員のアンラーニングの観点に着目して」国立女性教育会館編『NWEC 実践研究』第11号，2021

年，pp.69-91．図3参照。

4）例えば，河野銀子編著『女性校長はなぜ増えないのか——管理職養成システム改革の課題』勁草書房，2017年．浅井幸子ほか編著『教師の声を聴く—教職のジェンダー研究からフェミニズム教育学へ—』学文社，2016年。

5）例えば，佐藤智美「『教育改革』導入以前と以後における女性教員の教職生活の年代間比較：同僚性，ワーク・ライフ・バランス，ジェンダー平等に視点をあてて」大阪大学教育学年報25，2020年，pp.3 -14．

6）「学校教員のキャリアと生活に関する調査」は，学校基本統計の個票データをもとに層化集落抽出法によって抽出した小中学校各1,500校の男女本務教員を対象として，2018年1〜2月に実施した。有効回答数は小学校11,602人，中学校12,215人。調査の詳細は，国立女性教育会館編『「学校教員のキャリアと生活に関する調査」結果の概要』2018年を参照。

7）厚生労働省『平成28年版過労死等防止対策白書』2016年。

8）働き方改革実現会議「働き方改革実行計画（概要）」2017年3月28日，p.3．

9）佐藤博樹「平成の労働市場：ワーク・ライフ・バランス」労働政策研究・研修機構編『日本労働研究雑誌』No.717，2020年4月号，pp.42-45．

10）中央教育審議会「新しい時代の教育に向けた持続可能な学校指導・運営体制の構築のための学校における働き方改革に関する総合的な方策について（答申）」2019年1月25日，p.7．

11）広田照幸「教員の職場環境」労働政策研究・研修機構『日本労働研究雑誌』No.730，2021年5月号，p.1．

12）多久市の田原優子教育長への半構造化インタビューは，2019年8月27日および2021年4月22日に計2回行った。1回目（対面）は，主に取組の内容や課題，その背景等について，2回目（オンライン）は，主に教育長自身のキャリア形成とジェンダーとのかかわりおよび現在の改革との関係性について聞き取りをした。

13）多久市教育委員会による調査では，育児・介護中のテレワーク実施者の7割以上が実施による業務効率化につながったと回答している（内閣官房教育再生実行会議技術革新ワーキング・グループ（第6回，2019年2月26日）横尾俊彦多久市長提出資料）。

＊本研究は，JSPS科研費JP19K02578の助成を受けたものである。また，「学校教員のキャリアと生活に関する調査」および情報収集の一部は，国立女性教育会館の調査研究事業の一環として実施した。

U・I ターン者による
暮らしの創造と地域参加

生島　美和

はじめに

　「地方」と呼ばれる首都圏以外の地域では，進学・就職を契機とした若年層の流出による人口減少，超高齢社会の到来や労働力不足が顕在化している。2014年に出された「地方創生」政策においても移住促進は重要な柱の一つに掲げられ，施策・事業が積極的に行われてきた。市町村行政は，移住促進施策として具体的には住宅取得や引越しにかかる費用の補助，求人や起業に関する情報提供，地域おこし協力隊としての登用からの定住促進，空き家バンクの活用などを講じ，ブランディングやアピール力を強化することで「選ばれる」自治体を演出し，地域間競争は激化している。なかでも注目されるのが「U・I ターン」の促進である。一般的にはその移動の動線を指しながら，地方に生まれた者が就職や進学を機に一定期間都市部へ出たのち，再び生まれ故郷へと戻って居住することを「U ターン」，または都市部で生まれ育った者が田舎暮らしに憧れを抱くなど，自ら望む地域へ移住をすることを「I ターン」と言う。本稿では，一定期間都市部で就労したのち，「地方」へ居住地を選択し移住した人を「U・I ターン者」と呼ぶことにする[1]。

　U・I ターン者に見られる非移動者とは異なる経験や情報，文化をもつ者が地域住民と関わり協創することで地域活性化の契機となることは，これまで様々な形で言及されてきた。地方分権下で地域活性化が叫ばれるなか，人の

移動と地域文化活動とのかかわりについて描き出した刈谷剛彦らは「風の人」とも言われる移住者について，既存のコミュニティを基盤にしながらも創作性，開放性，機能性を持つ文化活動に活躍の場が得られやすいことを明らかにした[2]。また佐藤一子は地域文化活動の継承・発展と次世代への継承の構図を「文化交流空間」として整理する中で地域固有の価値を再発見・再評価する一つの属性に「よそ者」を置き，その新鮮な視点や感覚に注目した[3]。このように「風の人」や「よそ者」が地域に引き付けられ，地域文化の継承・創造，担い手の育成が推進されることは期待されるが，一方でそうした移住者をめぐって次の2点はほとんど言及されていない。1点目は移住者の収入の確保や雇用機会の獲得，働きがいのある労働が地域でいかに作り出されているかであり，2点目は町内会活動や日常生活を営むにあたり既存の地域社会にいかに関わり一員となっていくかということである。本学会年報『労働の場のエンパワーメント』[4]では社会教育が対象とする「労働」が，生産労働と再生産労働（＝生活）が分断されるものではなく曖昧な境界線上にあることが確認されてきた。本稿ではそうした生産労働と生活を「暮らし」と総体的に捉え，その基盤として地域社会を据える。その地域社会とは移住者と非移動者である地域住民相互の働きにより作り出され編み上げられることで創造される暮らしの場である。であるならばU・Iターン者の暮らしの創造とは，生産労働だけでなく非生産労働も含めた意味での「働く」ことを通じた地域づくりの学習実践としても捉えられるのではないか[5]。

　というのもU・Iターン者の実像を見ると，地域活性化や労働力不足，超高齢社会への対応に関する施策に誘引されたというよりも，まず自らの働き方と生き方そして家族のあり方を総体的に捉える視点を持ちながら，居住地や労働の場を選択したり生み出そうとしている[6]。その姿は，政策課題としてのワークライフバランスや働き方改革の推進者のようにも見えるが，彼／彼女らとしては自らの置かれた労働状況や家庭・地域生活の実情を俯瞰し，居住地域への愛着や期待，自然的・社会的環境も考慮しながら暮らしを主体的に描くことで，結果的にワークライフバランス理念を具体化していると映る[7]。したがって本稿の目的は，業種・業態や居住地を総体的に捉え移住してきたU・Iターン者が，自らの暮らしを創造し，さらに非移動者である地

域住民とのつながりづくりや地域活性化に関わっていくプロセスを明らかにすることである。本稿では，青森県十和田市へのU・Iターン者へのヒアリング調査からこれらを紐解くことを試みる。

1. 青森県十和田市における移住者像

(1) 移住をめぐる取組みと実態

　各自治体は首都圏などで一定のキャリア・スキルを持った人々の移住・交流を促進することで，人口減少の緩和のみならず労働力や地域の担い手の確保，地域活性化を期待しており，そのため首都圏に相談窓口の設置やイベント・セミナー開催，SNSや動画でのPRにより誘致活動を行っている。こうしたプロモーションは人々の移住に対する認識や行動にも影響を与えている[8]。ふるさと回帰支援センターの調査によると，来訪者や問い合わせ数は2013年まで10,000件以下で推移したが，2014年の12,430件から増加の一途をたどり2019年度は49,401件となった[9]。注目すべきは，相談者のうち，シニア世代の過ごし方を検討する60代の比率が2015年を機に減少し，代わって20代，30代が増加していることである。2020年に20代から40代の比率がさらに増加したのも，リモートワークが推進されたことで転職せずとも移住が実現する手ごたえが得られたためとされる[10]。このように近年の相談件数や移住に関心を持つ年代の変化から，移住という選択は働き方や働く場の再考と関連性を持つと捉えられる。都道府県別に見ると，移住希望地としては長野県，静岡県，山梨県が常に上位にあり[11]，自治体が設置する窓口やイベントでの相談受付件数でも長野県や北海道，兵庫県が群を抜いている[12]。

　一方，本稿が注目する青森県は移住者も相談も決して多くないが，県が中心となり官民共同で設置された「青森暮らしサポートセンター」や市町村が独自に設置する窓口への相談件数，および利用した移住者数は着実に伸びている[13]。2019年度に青森県への移住が決定した68組131名も9割が20代から40代までの働き盛り世代である[14]。また移住形態はUターンが全体の半数を占めるものの，Iターンでも，同行者や両親の故郷であるなど青森県と何ら

かの縁故を有する傾向が強い。実際，移住希望上位県や移住先進地と比較して，青森県は首都圏からの交通アクセスの悪さ，ICT の活用・リモートワークの定着の遅れ，豪雪地域ならではの居住・移動の困難がある。このため働き方や家族との暮らしを考慮し首都圏との間を頻繁に行き来する「二地域居住」の移住地にはなりにくく，移住地に腰を据える形での就労や地域社会との関わりが求められることから，本稿での論点に即すものと考える。

(2) 十和田市で注目される移住者像

　青森県内でも移住促進の取組に積極的な自治体として十和田市がある。青森県の内陸部に位置し，人口約6万人，青森県第4の地方都市である。東北新幹線の七戸十和田駅まで車で約20分，近隣市へも40分程度と交通アクセスも良い。こうした特性は，2015年から2019年に十和田市が実施した「移住・定住支援事業を活用した人に対するアンケート調査」の結果における，U・Iターン者が十和田市を移住先に選んだ要因とも重なっている[15]。

　一方十和田市は移住後の暮らしについて，生活環境や子育て支援施策などを前面に出すというよりも，特にフリーランスでの仕事や起業がしやすいことを特徴に挙げている。この特徴は，移住促進施策開始以前からイラストレーターやグラフィックデザイナー，通訳といった人々が移住し商店街での活動やまちづくりに関わるようになっていたことを受けて打ち出されてきたものであり，現在彼／彼女らは先行する移住者として注目されている。本稿ではこうした移住促進施策以前にU・Iターンを行ってきた4者にヒアリング調査を行った。4者の移住に関する基礎情報は表のとおりである[16]。

2．U・Iターン者が実現させてきた働き方

(1) キャリア形成上にある「移住」

　まず，U・Iターン者は，移住することをいつ，どのような背景で決断しているのか。今回の調査からは，次の2つのケースが浮かび上がった。

表　U・Iターン者へのヒアリング調査結果一覧

	移住形態	移住年	現在の家族構成	現在の仕事	地方移住へのビジョン	移住前のキャリア
A	Iターン（配偶者にとってはUターン）	2015	配偶者（Uターン），子ども3人	整骨院（2015年開業）	都内への大学進学時から，いずれは自分の地元に戻って家業（農業）を継ぎ，副業的に地域の人の治療をしたいと思っていた。東京で結婚後，長男が生まれ育てる中で「今後どういった環境で育児をしていきたいか」を考え，配偶者の地元に行くことにした。	生活習慣や姿勢による不調の改善は患者自身がその原因を知ることが必要と考え，カウンセリングや関節痛治療に特化した都内の整骨院にて施術技術の習得および顧客管理や治療院経営などを学んだ後に移住。
B	Uターン	2016	配偶者（Uターン），子ども1人	Web制作会社（2016年設立）	大学進学と共に上京したが，なんとなくいずれは地元（十和田市）に戻って来ると思っていた。就職後にやっている仕事が地元では未開拓，若い人の職業選択にもないことに対して危機感を持った。	IT関連企業2社でプログラミングやウェブ制作に関するスキルを学び，東京で個人事業主として独立。青森県人会や在京財界人の集まりに参加し人的なネットワークづくりとともに，経営・企画立案についてもブラシュアップした上でUターン。
C	Iターン	2016	夫婦，子ども1人，Cの母親（Iターン）	設計事務所（2016年に共同で設立，プロフィールなどは別姓を使用）	移住に対しての考えはなかった。仕事上，各地の現場に長期滞在することは多く，発見があって楽しいと感じる。設計の仕事のしやすさで言えば確実に東京。なんとなく東京，しかし仕事さえあればどこでもよかった。	携わった仕事が何十年も世の中に残ることにやりがいを感じて建築士を目指す。いずれは個人事務所設立を考えながら大規模な公共施設，ショールームなどの設計に関わったのち，東京で独立。
D	Iターン（両親が青森県内の出身で退職後にUターン）				Uターン意志の強い親に「いずれは青森に貢献を」と言われていたが，生まれ育った場所ではない青森県は移住を考える場所ではなかったが，子育てを意識してから地方も良いと思った。	インテリアが好きだったことから大学で建築士資格を取得。設計事務所に所属後，青森県内にUターンする両親の自宅を設計することになり，東京で働きながら青森に行き来した。

ひとつは，A，Bのように都市部への大学進学時や在学中から，いずれ地元に戻り就労することを意識し，大学の学部・専攻を選択したり，資格取得や帰郷後に独立しうる経営スキルや専門性の高い技術が身につけられる経験をしようとしていたことである。「いずれは地元に戻る」「ずっとは東京にいないと思った」という意向が「戻った後地元で貢献できるように」と次節以降で述べるような専門業務型の職種を選択することに結びついている。

　他方，個人では積極的にU・Iターンを考えなかったものの，結婚や新しい家族などとの関係の中で自らの価値観を変容させたり，それまでになかった選択肢を持ったということもある。A，C，Dは配偶者と希望する労働形態・家庭生活・子育ての姿を共有し，それを実現しうる地域特性・行政サービス，それぞれの両親・親族との距離感について検討する中で移住地を選択している。この場合，移住先は自らの地元に限ることなく，配偶者の地元であったり，まったく別の，職種や働き方，さらにはレジャーや子育て環境といったことまでも含み自らの描く暮らしを実現しうる地域を選択している。

　ここからU・Iターン者による移住の実行は，雇用労働状況や働き方に対し実際の問題が生じたことによるというよりも，むしろ自らの働き方・生き方といったキャリア形成をし続ける中で選択されてきたと捉えられる。

(2)　専門業務型職種での起業に向けた学習実践

　移住にあたり，就労の場または暮らしを営むための収入の確保が重要な検討事項かつ最大の不安要素でもあることは，移住相談の実態や調査からも顕著である[17]。こうした中，十和田市では専門業種型職種での個人事業主や起業家を移住者として積極的に紹介しているが，ヒアリングからは，そうしたU・Iターン者自身が移住に向けて行ってきた学習実践が浮かび上がる。

　まず，U・Iターンや独立を視野に入れ期間や到達目標を設定しながら，専門業務で自立できるスキルを身につけることである。しかしそれは資格・スキルといった業種・業務に必要な専門的スキルの獲得だけではない。Aは，丁寧なカウンセリングを通じ患者自身が生活スタイルを変えていく特徴的な治療法を学んだ。通常業務前後にも治療技術の練習や経営に関する勉強会な

どがあり，第1子誕生時でも家庭生活・子育てなどに関与できなかったが，年限や目標を夫婦で合意し行ってきたという。またBは同じプログラミングでも1社目でインフラ整備的な業務に携わる中，自身が育った青森県という環境の中で進路の選択肢にIT関連業務がなかったことに危機感を持ち，「フリーランスになって戻るため2社目では『攻め』の手法を学び『個』の力をつけようとした」と言う。このように専門業務のなかでも移住先の地域課題にアプローチできる手法を検討し，それが習得できる職場を選択したり，独立の意思表明を行うことで周囲の理解を得ながら経験を積んでいる。

　一方，専門業務の遂行と，起業・個人事業主としての経営スキルは異なる。特にBは東京での独立前後から青森県を仕事の場として理解すること，そして経営者としてのつながりを作るため，県人会や県出身経営者が集まる団体に参加している。それらはBにとって「自分がやろうとしていることを発信し客観的に評価してもらう場だった」と言う。そこでは「最初は全然相手にされなかった」が，「自分でやりたいことを発信して，背中をつつかれるように，プレッシャーを感じながら実現していけば，信頼して評価してくれるコミュニティだった」と参加の意義を振り返っている。またAは，患者を担当制で診る整骨院だったことから，施術時間や予約件数と治療費とのバランス，顧客管理なども学んでおり，現在は自らの整骨院において満足のいく経営スタイル（患者一人当たりの施術時間や治療費負担，自らの労働時間と整骨院全体の収入など）を構築してきている。

⑶　移住地域での未開拓分野・希少性による働きがいの創出

　働き方・生き方を探る中で，自らの専門性の高い職種やそれを活かした業務について「他にやっている人がいない／少ない」という希少性が，移住または移住地を選択したり起業や事業展開に踏み出させてきたことも，インタビューから浮かび上がった点である。特に建築士のCは大学時代から個人事務所を持つことは考えていたものの「場所はどこでもよかった」と述べる。しかしDが手掛けた実作（Dの両親宅）の存在が新しく事務所を構えるにあたり自分たちの仕事（の手法）の理解や信頼を得やすいと考えたと言

う。Ｄもまた，両親の自宅設計の際に関わりのあった青森市の建築家から「青森は若手の建築家がいないからこっちでやってみたら」と誘われＣが乗り気になり，両親もＵターンしたこともあって，直接の地元ではない地域へのＩターンを決断させたと述べている。「自分の判断，失敗するときも自分の責任，その責任感も含めてやりがい」と，現在は建築物だけではなく市街地でのイベント用テントや幼稚園の書棚などのニーズにも応え手掛けるようになった。

またＢは東京で就職した会社でプログラミング・Ｗｅｂ制作を学びＵターン後の可能性を探る中で「今もやっている人がいないことはまずいんじゃないのか」と危機感を持った。そして「自分が持っているスキルを地元に持って帰って仕事の楽しさや豊かさを拡げたい，ＩＴの分野なら都市部との情報の格差を埋めることもできる」と考えたとともに，誰もやっていない仕事だからこそやりがいに直結したと言う。

ここでのＵ・Ｉターン者は，自らの専門性やその特質を認識し，また移住地において未開拓領域や希少性の高さに注目したからこそ，専門性を活かした創造的な仕事や地域のニーズを切り拓く仕事へと幅を拡げてきている。そしてこうしたベクトルが調査対象者から共通して口にされた「働きがい・やりがい」という言葉にたどり着いてきたと捉えられる。

３．地域社会への参画と地域課題への着目

⑴　地域で働くことを通じた「移住者」から「地域住民」への導線

Ｕターン者であるＢは市内に家族や同級生などがいる一方，Ｉターン者であるＡ，Ｃ，Ｄの移住先の地域住民とのつながりは皆無であった。彼／彼女らは移住先の地域社会とどのように関わっていったのだろうか。

町内会は一つの重要な入口である。Ａは「地域の中に住むし仕事をさせてもらうのに町内会に関わらないのはおかしい。自分から出ていって知ってもらわなければならない立場」と移住後すぐに顔を出した。町内会では「若い人」として重宝され入るや否や副会長を任せられたが，町内会の実情は

長年継続してきた会長のもと阿吽の呼吸で運営されており，当該エリアの地図や名簿すらなく，さらに「誰も教えてくれない」状況だった。Ａはその地域で仕事をする事業者としての承認欲求のみならず，一員，さらには副会長として自ら他地域の自治会運営も学び組織を整備した。こうした動きにより町内会員からの信頼も得られただけでなく，町内会運営や意義が明示されるようになり，潜在的にいた若い世代の住民が参加したり発言するようになったという。子育て環境を考慮して移住したＡにとって，自らを取り巻く地域社会が存続することは暮らしに重要な要素であることから，既存の町内会に積極的に関わりながら，その課題を捉え地域運営組織として持続的に回していく仕組みづくりを行ってきた。いわばコミュニティの一員として働き，地域住民との関係や認識を自ら再構成する姿が浮かび上がる。

　一方，Ｃ・Ｄは町内会よりも広く，市域で自らを位置付けてきている。Ｃ・Ｄは移住直後から出産や業務に追われ，気づくと家族以外誰とも関わっていなかったため，まず町内会のイベントに参加してみたと言う。そこで出会った町内会の一人が市役所に「移住してきた建築家夫婦」として紹介し，すぐに移住者として市の広報表紙に掲載された。人口の多い都市部では考えられない展開だが，それを見たという周囲の反応の大きさから「これほど多くの市民に見られ影響力があるのか」と広報の存在の大きさに気づかされ，自分たちも見るようになったと言及している。また市役所から移住促進への協力が求められるようにもなり，そこから移住者同士が出会ったり，地域住民からの仕事依頼にもつながった。Ｃは「東京では市役所は行政手続きのためだけ，職員の人と話すことなどほぼゼロ。（十和田では）自分たちを暖かく迎え入れてくれ，仲間になり，役所のイメージがまるで変わった」と述べる。Ｃ・Ｄは建築という顧客をつかみにくい仕事だからこそ，十和田市での自分たちへのまなざしや地域住民・行政との継続的な関係を積極的に捉え「この街の一員になれた」と自らを位置付けてきた。そして市政や子育てなどの公共サービスについても直接関わるものであるからこそ全体像として把握しようとし，それができる規模の十和田市を心地よいと捉えている。

　U・Iターン者にとって，移住先で自分たちの存在が知られていないことは，起業・独立した事業の遂行，直接的には生計を立てるための収入にも影

響する。したがって既存の地域社会に参加することは，自らの存在と仕事を知ってもらい，直接的または潜在的な顧客を開拓するための手段である。しかしインタビューで聞かれたことは周囲からの認知のみならず，既存の地域にある関係性に入っていきながら，その関係の中に自らを組み込み一員として働くこと，それを通じて非移動者である地域住民と共に地域運営上の認識や関係性を組み替えていたことである。「地方」こそ仕事と居住地域の人間関係が重層的であるが，U·Iターン者は働き方・生き方としてむしろ積極的に関与していくこと，そしてそこから芋づる式に人的ネットワークと仕事が広がることを期待している。結果として，周囲に承認され信頼を受けていくことで地域の一員となっていくが，暮らしの有り様としてそこまで期待するからこそ，U·Iターンをしてきたとも言えるだろう。

(2)　地域課題への気づきから創造される学習実践の場

　もう一つ注目されることにU·Iターン者は移住地での暮らしを都市部での経験と相対化する中で，地域課題に気づき向かい合うための「場」を設け，その「場」で地域住民と共同的実践を生み出していることである。

　Aは，十和田市で自ら子育てをしたり患者の声を聞く中で，子連れの親（特に母親）が行けるカフェ，美容院，整骨院がないことから，子育てをするうえで「我慢すること」が多いと捉えるようになった。「お母さんが楽しんで子育てできる環境があったら」と考えC・Dに依頼し新築した自宅兼診療所は，中央にキッズスペースとカフェスペース，周囲に美容室（賃貸）と診療室を配置した。それまで我慢が当たり前だと思っていた母親たちにとって保育に支えられたり子どもと一緒でも受けられるサービスの場としてAは事業を拡大する。しかしそれは単に商品化されたものではない。保育もまた施術を受けた地域住民がボランティアとして関わることで子育てをめぐり住民同士がつながる機会となったり，定期的に子ども向けの事業が持ち込まれ親子が集い学び合うなど，待合室としての場だけではない企図がある。豊かで楽しい子育て生活の実現と子ども・親を取り巻く住民の関係性の構築の必要というAが捉えてきた地域課題が，この「場」により具体的に表明さ

れたことにより住民間で共有され，それぞれの関わり方で実践されている。

　Bもまた，中心市街地の空き店舗を改修した「場」で月1回「ライトニングトーク」を開催している。それは参加者が地域に対する考えや企画していることを，集った人たちの前に立ち短時間でプレゼンし合うものである。まさにB自身がUターン前に経験し起業に結び付けてきた学習実践の方法であり，そうしたスキルや機会，対話を生み出すことが地域活性化の担い手を育て事業を具体化する力になると考えたと言う。アウトプットする場を求めて，また話を聞いて仲間をつくりたいと，回を重ねるごとに多年代の人の参加が増加し「人前で話すことを文化として作れた」と手応えを得ている。

　U・Iターン者が自らの足元に設置してきた集いの場とは，移住前の都市部での暮らしとの比較や経験を背景に，移住先の地域社会に溶け込み事業展開をする中で捉えた地域課題について，地域住民にも認識を促し共有することで解決に向かわせようとする「場」であり，それを通じてともに地域の担い手になろうとする共同的実践が展開されている[18]。彼／彼女らは「よそ者」という背景を持つ地域住民として，公共サービスや公共施設では触れられていない課題に着目し，この「場」での実践をモデルケースや新しい文化として発信することで，移住地での地域づくりに主体的に関与してきている。

おわりに

　本稿ではU・Iターン者へのヒアリング調査から，移住を通じた主体的な働き方・生き方の実現の方途，および地域住民との関係構築や地域課題に向かう共同的実践への描写を試みた。結果，以下のプロセスが顕出された。

　第一に，U・Iターン者にとって移住は第一義的なものというよりも，自らが選好する働き方を実現させる一つの手段として実行されていた。しかしその「働き方」とは，業務内での自身の立ち位置（雇用労働・起業）や業務規模，業種といった労働のあり様のみならず，子育てをはじめとする家庭生活やその基盤となる地域生活を含む暮らしの視点を持ち検討されている。本稿で見てきたU・Iターン者は，十和田市では希少性の高い専門業務で起業・独立することで仕事を開拓し働きがいを得ていた。第二に，「地方」では仕

事と生活の両者が関連性を持つ重層的で循環的な人間関係によって成り立つことが見越される。したがってU・Iターン者は移住先として足を踏み入れた既存社会に自らを組み込み，その地域運営に関わることで地域住民と共に関係性や認識を再構成し周囲に認められ一員となっていく。その上で第三に，既存社会とは異なる背景や都市部での経験を持つ「よそ者」の視点で地域課題を捉え解決を図ろうとしていた。本稿ではU・Iターン者が「場」づくりを行っていたが，それは直接解決に結びつけるものというよりも，非移動者である地域住民と課題を共有し，相互関係を生み出し共同的実践を行うことで，課題解決や地域活性化に結び付けようとするものであった。

　最後に，本稿を通じて移住や起業がキャリア形成上の課題意識やその実現に向けた活動に後押しされていることも明らかになった。これに鑑みると人の還流による人口減少の緩和，地域の担い手や労働力の充足といった外在的な働きかけは，こうしたキャリア形成をむしろ狭めてしまうことになりかねない。ワークライフバランス理念の具現化を拓くには，学校教育に限ることなく社会教育実践としても働き方・生き方の多様な選択肢や価値観に触れられる多面的な教育環境・社会的環境，機会の創出が求められる。

【註】

1）近年では移住の形態や動機に応じ「Oターン」「Jターン」「嫁ターン」「孫ターン」などの言い方もあるが，それらは子どもを含む家族と移住との関係や移住地選択の理由を詳細に表現したもので，およそ「Uターン」「Iターン」のいずれかの語で包含できる。なお都市部の大学・専門学校などを卒業後，新卒者として地元（または地方）で就職することも形態としては「U・Iターン」である。しかしその場合，生き方・暮らし方について主体的・積極的な選択したというよりも，思い込みや（潜在的であれ）親からの働きかけ，または選択した／採用された職場の所在地であることも多い。本稿では「U・Iターン者」を，都市部で一定期間就労経験を持つ者に限定して検討を行う。

2）苅谷剛彦編著『「地元」の文化力』河出ブックス，2014.

3）佐藤一子『地域文化が若者を育てる』農山漁村文化協会，2016.

4）日本社会教育学会編『労働の場のエンパワーメント』東洋館出版社，2013.

5）日本社会教育学会編『地域づくりと社会教育的価値の創造』（東洋館出版社，2019）

での様々な論点，なかでも宮崎隆志「暮らしの思想の生成論理」（pp.195-206）で述べられる日常生活を集団的に再構成し自己形成基盤である地域を協働的に創造する学習実践の提起を参照した。

6）米田智彦『いきたい場所で生きる』ディスカヴァー・トゥエンティワン，2017．小林奈穂子『生きる場所を，もう一度えらぶ』インプレス，2017 他。

7）池谷美衣子「労働と生活の分断を乗り越えるための学習」手打明敏・上田孝典編著『〈つながり〉の社会教育・生涯学習』東洋館出版社，2017．pp.154-157.

8）両親の世話や事業承継のためUターンを選択する場合，住環境や就労の場が確保されていることが多く，相談窓口の利用はほとんど無いという。

9）「2019年の移住相談の傾向」ふるさと回帰支援センター，2020.2公表。ただし，2015年以降の相談件数の急激な増加は「地方創生」戦略や各自治体のPRにより，こうした窓口が一般に認知されたことも考慮すべきであろう。

10）「2020年の移住相談の傾向，移住希望地ランキング公開」認定NPO法人ふるさと回帰支援センター，2021.3公表。

11）同上。

12）「令和元年度における移住相談に関する調査結果」総務省，2020.10．https://www.soumu.go.jp/menu_news/s-news/01gyosei08_02000204.html，2021年5月5日確認。

13）「青森県の移住相談件数等推移」青森県企画政策部地域活力振興課からの提供。この数は青森暮らしサポートセンターの相談窓口を経たものに限る。

14）同上。

15）十和田市企画財政部政策財政課からの提供。

16）調査はA，Bに対して2021年4月30日にそれぞれ2時間程度，C，Dは同席のもと2021年5月1日に2時間程度，Zoomを使用して実施した。

17）「2018年の移住相談の傾向」（ふるさと回帰支援センター）において，「移住先選択の条件」として全体の68.0%が「就労の場があること」を選択し，「平成30年度青森県への移住に関するアンケート調査結果」（あおもり移住・交流推進協議会）でも「移住を検討する際に必要な情報」の最上位は「仕事（求人・起業情報）」であった。

18）広井良典の言う，特に「地方」にありがちな従来型の農村型コミュニティ的な関係性から「集団を超えて個人と個人がつながる」ような関係を育てていく「百花繚乱」の一事例とも捉えることができるのではないだろうか。広井『人口減少社会のデザイン』東洋経済，2019．pp.86-90 参照。

労働と生活のバランスから結合への学習論

―拡張的学習論の批判的拡充を通して―

鈴木　敏正

はじめに

　ワークライフバランス問題への取り組みにおいては，「生活の論理」と「労働の論理」を発展させ，両者の個人的「バランス」をとるだけではなく，それらを集団的・社会的に「結合」することが求められる。本稿は，生活と労働の結合は両者を媒介する独自の社会的実践とそれに伴う社会教育実践の創造を通して可能となると考え，生活学習と労働学習を統合する固有の学習論のあり方（「学習論的統合」）を提起する。

　その際に注目すべき学習論として，「労働（生産）」を原型モデルとして他領域に拡張するY.エンゲストロームの「活動理論」＝「拡張的学習論」がある[1]。しかし，生活学習と労働学習を統合する学習論とするためには，それらを拡充し，社会教育学的に再構成することが必要である。筆者はかつて，意識・認識主義や実践・経験主義を超えた活動・実体主義の立場に立つ拡張的学習論を評価しつつ，社会教育学的にはより実践的な論理が必要であるとした[2]。本稿では，その後のエンゲストロームらの研究や日本での紹介・展開[3]などをふまえて課題へ接近したい。

1．ワークライフバランス問題と活動理論

いま，人間存在に基本的な「生活」と「労働」のあり方が問われている。

生活と労働は不可分でありながら，近代以降の資本・賃労働関係の広がりとともに，時間的・空間的に分離されてきた。生活と労働を媒介する商品・貨幣的世界の全面化は，今日の「高度消費社会」を生み出した。それは持続不可能なものであることが世界の共通認識となり，国連「持続可能な発展のための教育（ESD）の10年」（2005-2014年）の後，SDGs 時代（2015－2030年）に入って，「脱商品化」と「再商品化」が鬩ぎ合う中で，持続可能な「生命と生活の再生産」が可能となるような「生活の論理」の新たな発展が求められてきた。その重要性は，東日本大震災や新型コロナ禍がまざまざと示している。

戦後高度経済成長以降，構想と実行の分離，労働の無内容化や流動化・不安定化として現れる「労働の疎外」が問題にされたが，21世紀のデジタル化・AI 化は，技術的ユートピアの幻想と同時に，多くの仕事が失われ，全体主義的監視社会が始まるというディストピアの予測も生み出した。現在のコロナ危機では，生命か経済かが議論され，エッセンシャルワークの再認識がなされる一方，経済の金融化と災事便乗型資本主義（N. クライン），政官財癒着のもとでの「ブルシット・ジョブ」（D. グレーバー）の広がりが問題にされている。安倍前政権以来，働き方＝働かせ方改革が進められてきたが，人間的尊厳を損なわないディーセント・ワーク，人間的・社会的発達につながる「労働の論理」，さらには AI による「活動 action 社会」化も提起されている。

ここでまず確認しておくべきことは，資本主義社会では対立的に分離しているとはいえ，生産・分配・交換・消費は一つの総体の諸分肢であるということである。生産（労働）と消費（生活）は「一つの過程の諸契機」である。この理解を K. マルクス『経済学批判要綱』（1857-8 年）に学んだエンゲストロームは，「活動の構造」を提起する際の前提とした（以下，エンゲストロームからの引用は註１）の文献番号により，E ① pp.79-82，のよう

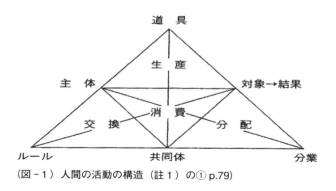

（図－1）人間の活動の構造（註1）の①　p.79）

に示す）。

　それはよく知られた三角形モデルであり，主体・道具（人工物artifacts）・対象から成る「生産」，ルール・主体・共同体から成る「交換」，共同体・対象・分業から成る「分配」，そして主体・共同体・対象から成る（逆三角形の）「消費」が結合されたものである（図－1）。この中で「生産」が基本的＝胚芽的モデルであることを，エンゲストロームは「生産の二重的なあり方」（活動システムの全体でもあり，一番上の小三角形の行為タイプでもある）と表現している。「生産」を原型としたフラクタル構造が考えられていると言える。

　生産（労働）と消費（生活）を統一させようとするならば，そうした関係が生まれる諸個人の社会的形態を考えなければならない。A.トフラーが『第三の波』（1980年）において生産者と消費者を統一する「プロシューマー」を，そしてR.シューが『「第四次経済」の波』（1997年）において消費者が同時に共同生産者となる非営利の「アソシエーション」を提起したのは，その代表的事例である。活動理論は，集団的な「活動システム」における「主体」を考えた。

　それでは，生産（労働）と消費（生活）の「学習論的統合」はいかにして可能であろうか。

２．労働と生活を統合する活動理論の可能性と発展課題

　戦後直後には生活教育論争や生産主義教育論争もあったが，高度経済成長以後は学校教育でも社会教育でも，とくに生産（労働）教育に大きな欠落がある。臨時教育審議会（1984－87年）ではそうした教育（とくに職業能力開発と生活技術獲得の欠落）が批判されたが，大きな転換はなされなかった。「働くための学習」は「非『教育』の論理」として主張されたりしている[4]。最近の学校教育では「教育の職業的意義」（本田由紀）の主張などがあり，日本社会教育学会は年報『労働の場のエンパワメント』（2013年）に取り組んだが，ワークライフバランス問題への学習論的アプローチにおいては，以上のような経過と現状をふまえておく必要がある。

　そこで本稿は，「（文化・歴史的）活動理論」に注目する。「活動システム」（図－１）にはすでに生産と消費が内包されているが，「拡張的学習論」は労働と生活の活動を架橋し得る境界横断的なネットワークの展開を提起している。その基本的特徴と発展課題は，以下のようである。

　第１に，「生産」＝活動システムは，マルクス『資本論』第１巻（1867年）の「労働過程の単純な諸契機」（合目的的活動または労働そのもの（仏語版では〈人間の人格的活動〉）・労働手段・労働対象）に重なる。マルクスにとって主体（「人格」）は本質的には歴史的・社会的存在であるが，ここでは歴史貫通的な実体的関係としての労働過程が考察対象である。周知のように，労働は「人間と自然との間の一過程，すなわち人間が自然との物質代謝を自身の行為によって媒介し，規制し，管理する一過程」として理解されている。

　上記「行為 Tat」と「合目的的活動 zweckmässige Tätigkeit」の区別は活動理論と共通であるが，活動理論は「活動 activity」を主概念とする。そのため，あらゆる人間活動に適用される反面，根源的な実体的関係である「人間と自然との物質的代謝，したがって人間の生活」の固有の位置づけはない。地球環境問題と人間活動の関係が問われている今日，「一般的対象」としての大地や，労働過程と区別された生産過程，生産・消費と異なる廃

　第Ⅲ部　変容する労働と生活の中で，新たな社会教育の理論・実践を拓く

棄・分解・再生過程の位置付けも不可欠である。

　第2に，活動理論が言う「活動」は，H. アレントが言う（労働 labor および仕事 work と区別された）「活動 action」とは異なることである。むしろ work を原型とし，それを抽象化する一方，道具（人工物 artifacts）には記号（象徴や理論モデルを含む）を独自に位置付け，action における対人活動や協同活動および芸術・科学活動を含めて，社会的実践としての側面を重視したものである。しかし，労働から活動への理論的・実践的展開過程の明確化は残された課題となった。

　第3に，活動システムの動因を基本矛盾＝「交換価値と使用価値の矛盾」の展開としていることである。本質的な矛盾は「それぞれの頂点において，使用価値と交換価値が，相互に排除しあいながら，同時に相互に依存しあっている」こととされる（E ① p.88）。その上で，1）各頂点内の交換価値と使用価値の内的葛藤，2）各頂点どおしの間の矛盾，3）中心的活動（図－1）と「文化的により進んだ中心的活動」との矛盾，4）中心的活動と「隣接する活動」（対象―活動，道具―生産的活動，主体―生産的活動，ルール―生産的活動）との矛盾という展開が考えられる。これらは，「内的矛盾は外的矛盾に外への表現を見いだす」という関係にあるとされる（同上 pp.91-93）。問題は，次の点も含めて，それがどの程度学習論的に具体化されたかということである。

　第4に，拡張的学習の展開は，「胚細胞的」モデルの展開＝「抽象から具体への上向」とされていることである。それは「実体的で内容と結びついた弁証法」＝「実体の弁証法」，対象の歴史的「生成」論理の理論的再生産によって「対象の本質を把握する方法」であり，「拡張の論理」として「物質的な実践を再構築する人々の集団がかかわる社会的実践の過程」である（同上 pp.309, 315）。学習活動は「抽象から具体への拡張を学習すること」であり，「活動を生み出す活動」であるとされている（E ③ p.142）。

　最後に，拡張的学習論では，教育学に不可欠な「人格」論が展開されていないことである。活動理論第2世代のレオンチェフは「人格」を生物学的・心理学的・社会学的水準の共存と理解し，人格形成の内的動力は主体と世界が「対象的活動と交通によって二重に媒介されている点」にある，「内的な

もの（主体）は外的なものを介して作用し，このことによって自らを変える」といった提起をしていたのだが[5]，エンゲストロームはそれらを人格論として発展させることはなかった。

　しかし私見では，社会教育学は「主体」を近現代的「人格」と理解し展開することから出発する[6]。その人格（実体・本質・主体の統一）に不可欠な「実体としての人格」を位置付け，存在論・関係論をふまえた過程論的視点に立つことによって，「活動システム」の教育学的展開（諸能力―実践―仕事（所産）：自己実現と相互承認の過程）を考え得る。それらは，社会教育の本質＝「国民の自己教育・相互教育」の展開（自己教育過程）の諸契機でもある。認識論から存在（実体）論への発展は，認識と価値意識の変革を直接的課題とする前段自己教育から，社会的実践を通した実体（生活と労働）と人格の同時的変革に関わる後段自己教育への展開がポイントとなる。自己意識の矛盾＝ダブルバインドに対応する間主観性の形成（E① pp.339,346）は，両者を媒介する活動である。

　活動システムの中心的活動を支える「ルール」「コミュニティ」「分業」の具体的拡充も必要となろう。①人権ルール＝民主主義の実質化，②諸学習共同体の地域・自治体レベルでの統合，③階級・階層の再生産，生活と生産の社会化の発展，贈与・再分配を含む文化的蓄積，といった課題である。

3．探求的協働学習から拡張的学習へ

　拡張的学習への実践的取り組みとしては，「職場 workplace 学習」や「発達ワークリサーチ Developmental Work Research」が注目される。
　職場学習は，職業研修による「探求的学習」である。それは，第1次（条件付けと模倣），第2次（試行錯誤と探求的学習），第3次（文脈が変わる拡張的学習）へと展開する中にあり，学習過程は①動機付け，②方向づけ，③内化，④外化（モデルの応用），⑤批評，⑥統制のステップを辿るとされている（E② pp.19-23,43-44）。⑥は自分自身の学習の検討・改善である。
　松下佳代は，このような探求的学習はアクティブラーニングやFD研修などに応用可能で，とくに仕事実践と学習の関連が明確な場合には有効である

と言う。しかし，エンゲストロームは「動機付け」を道具的なものと実質的なものに分け，前者を交換価値，後者を使用価値に対応させて，実質的動機＝使用価値の追求をしているが，人文学や純粋科学分野，さらには成人の社会教育では，美的価値や「知ることの楽しさ，学ぶことの喜び」といった観点も必要となるのではないかと問題提起している（同上 p.200）。

　エンゲストロームは，科学・芸術学習や小説を題材にした学習も取り上げていた（E ①第2章7，第3章7）。問題は，「交換価値と使用価値の矛盾」を直接的に各職場学習に適用し，その諸形態を具体的に展開していないことである。それは，商品の二要因を「交換価値（価値ではない！）と使用価値」とし，「価値実体」＝抽象的人間労働にまで遡らなかったために，生活と労働の時間論的分析に辿りつけなかったことにも関わる。「生活の論理」からすれば，「商品の使用価値」と物・サービスの「固有価値」の区別も必要である。

　他方で拡張的学習論は，交換価値理解に不可欠な「価値形態論」に照応する教育形態論，さらには貨幣論に対応する教育制度論を位置付けることができなかった。その結果，制度化された定型的 Formal 教育，非制度的な非定型的 Informal 教育，両者を媒介する不定型的 Non-Formal 教育から成る教育構造，個々の学習形態を構造的に位置付ける枠組みを不問にすることになる。

　拡張的学習に向けては，さらに「発達的ワークリサーチ」がある。それは研究者と実践者たちとのパートナーシップや信頼関係に基づく「協働チームによるアクションリサーチ」であり，多職種協働の不定型的教育として，日本の社会教育にも参考となる実践である。

　エンゲストロームは「普遍主義」と「教授と学習の分離」による学習過程論を批判し，学習過程の多様性の承認，教授と学習の相互作用の弁証法的分析の必要性を強調しているが，拡張的サイクルの「理想的―典型的な認識的行為」の提起（問いかけ，状況分析，モデル化，検証，内省，統合）は上述の「探求的学習のプロセス」と重なる（E ③ pp.25-26, 32-33）。しかし，その動向を規定するのは，「クライアント」である学習者の自己教育過程である。社会教育は地域住民の主体的学習（自己教育・相互教育）を援助・組織

化する実践で，アクションリサーチ的方法の限界を乗り越えなければならない。

　研修などによる前段自己教育過程を超え，社会的実践の展開に伴う後段自己教育過程を位置付ける必要がある。エンゲストロームは拡張性を，「新しい物質的な対象，実践，そして活動のパターンを生み出す学習の本来的な潜在力」と見ている（同上 p.10）。その現実化こそ，生活と労働の変革に関わる後段自己教育論として，「拡張的学習論」の拡充を必要とする領域である。

　エンゲストロームは，マルクス主義（弁証法）的視点からの批判にも応答している（同上 p.73）。権力や階級関係の位置付けの弱さといった外的批判だけでなく，周辺的な矛盾と順応的変化しか対応しておらず，「使用価値と交換価値の矛盾」は「事実上，考慮から除外」されているという批判である。それらは，既述の理論的不十分さによるであろう。さらに，実証的・実践的研究として進めた「チェンジラボラトリー」の活動が，企業たとえば銀行業の経営組織改革などを取り上げる一方で，図書館活動の分析においても，その枠組みは上記「学習のプロセス」の PDCA 的サイクルのような印象を与え，その分析から図書館活動に固有な（使用価値・実体レベルでの）展開論理を見ることができないこと（同上第 7 章）などが影響しているであろう。

　批判に対してエンゲストロームは，在宅介護においては「階層秩序と市場の対立を超えていく協動と調整のモデル」の生成がねらいであり，有機農業や日本の食料地域生産に関わるプロジェクトは「ラディカルな社会運動と連携」していると述べているが（同上 pp.67, 73, 75），それらを不可欠なものとして位置付け得る学習内容論展開が今後の課題となっている。本稿の視点から見れば，今日のグローバル市場と資本主義の展開に対して，在宅介護（ライフ）や有機的食料生産（ワーク）を統合する活動（たとえば「農福連携」）を戦略的に位置付けた学習論として展開する必要があろう。

　上述の批判に応えるためには，拡張的学習論が提示する「基本矛盾」にとどまらず，資本の生産・分配・蓄積の展開に照応して「疎外された労働と生活」を克服していく学習＝自己教育過程論，教育形態論の展開が不可欠である。エンゲストロームは，課題として「概念形成のプロセス」，とくに「垂

直次元と水平次元の運動と相互作用」によって形成される「複合的な概念」の展開を挙げている（同上 p.76）。これまでの水平次元の展開を支える垂直次元（抽象から具体への上向）の具体的概念形成が必要になっているのである。

４．生活と労働を結ぶ学習・文化の地域住民的蓄積と社会教育

　旧来の消費者教育を超えて、「生命と生活の再生産」の論理を追求するところに生活教育・学習の独自性がある。そして、消費と生活を生産する「労働の論理」の獲得が労働教育・学習の基本課題である。活動理論は労働過程の諸契機を抽象化し、人間的生活活動の全領域に応用可能な学習論の枠組みを提起した。しかし、現実の「生活」と「労働」の分離・対立をふまえるならば、両者を発展的に結びつける独自の社会的実践が必要となる。

　まず、社会的分配を含む社会的承認の実践論理が求められる。小経営者や労働者協同組合による生産学習においては、参加者の間での、そして生産物を消費する人々との間での分配活動とそれらに伴う学習が必要である。賃労働者の「労賃」は資本家との分配関係の結果であるが、21世紀における日本の先進国最悪レベルの実質賃金と労働分配率の低下問題に見られるように、これらは社会的（再）分配のあり方を問うている。それは交換価値的分配だけでなく、生活と労働と余暇・学習の時間的分配を問うことになる。この社会的分配が、個人のワークライフバランスのあり方を大きく規定する。

　N.フレーザーは、階級・階層関係だけでなく、エスニシティやジェンダーなどにわたる「分配関係」の問題を提起したが、A.ホネットはそれらを、愛と法に加えた連帯（業績評価）に関わる「社会的承認」問題と理解した[7]。今日、「法」は主権者教育、「愛」は生活教育のうちのケア教育としての発展が求められているが、これらの社会的承認関係の学習は、教育学の基本に関わる諸人格の相互承認の歴史・社会的展開として理解される。活動とくに労働に見られる自己実現・相互承認過程と合わせて、教育の目的＝人格形成に関わる活動として位置付け直す必要がある。

　「活動システムのネットワーク」論は、「野火的活動」＝「そこに住み、そ

こを探索する領域」を基盤に拡充する段階まできている（E ③ p.78）。それは，学習と文化の地域住民的蓄積を目指す実践に発展するだろう。具体的には（図 - 1）の「コミュニティ」に視点をおき，歴史・文化的「人工物」「対象」「結果」を関連づけ拡充する「地域づくり教育」である。すなわち，「学習ネットワーク」を基盤とする複数の「集団的活動システム」の統合であり，①公論の場の形成，②地域調査・研究，③地域行動・社会行動，④地域づくり協同実践，⑤地域社会発展計画づくり，⑥地域社会教育・生涯学習計画づくり，の付置連関から成る実践的時空間である。

　「地域をつくる学び」を援助・組織化する地域づくり教育は本来，生活課題と生産・労働課題を結びつける「地域課題」に取り組む「異種混交のポリフォニー」の実践的時空間で，「質的に新しい集団的活動への拡張的移行の論理」（E ① pp.324-325）を求める。それは，単に「価値と使用価値の矛盾」に対応するだけでなく，近現代の基本的矛盾，すなわち「主体と客体（対象）」および「個人と社会（ルールと共同体と分業）」の矛盾克服に取り組む（上記②と③，および④と⑤）ものである。

　たとえば北海道では，グローバリゼーション時代の初期，生活学習と生産・労働学習から地域づくり教育への多様な展開が見られた[8]。

　消費者学習から生活主体形成への学習は，環境学習，健康学習，地域スポーツ学習といった領域での展開を通して，消費者社会・管理社会を超える地域文化創造主体形成の方向を示していた。生産・労働学習からは，生活と労働をつなぐ女性の自立に向けた学習を媒介として，農民大学運動による生産学習，集落自治に支えられた農村民の相互学習，中小企業協同組合による企業内教育，そして労働者企業組合による労働自主編成を通した労働の意味の捉え直しがあった。地域課題へのアプローチにおいては，地域活動を通した青年の自己形成に始まり，子育てをする親たちの生活の見直しからふるさとづくりへ，高齢者の地域福祉実践，公的社会教育が取り組む生産教育，それらを踏まえた地域住民の自治能力形成の学習の再評価があった。

　ここで，それらのその後をたどる余裕はない。経済的グローバリゼーションの限界が明らかになった今日，「誰もが安心して生き続けられる地域づくり」に向けた諸実践の中に，生活と労働（生産）をつなぐ学習活動が見られ

ることを指摘しておく[9]。

　恵庭市で展開するワーカーズ・コープは，生活課題に取り組む労働の組織化として，コロナ危機下で成立した労働者協同組合法の今後を考える上でも重要な実践である。栗山町で展開する里山づくりに始まる全世代型環境教育は自治的まちづくり運動へと発展している。そうした中で，大工たちとボランティアによる「匠まつり」などの「木育」活動，地域産業がその歴史的遺産を生かした地域文化創造活動も展開されている。月形町や剣淵町で展開されている「農福連携」活動は，既述の「拡張的学習」論の限界を乗り越える実践として位置付けられるであろう。世代間連帯の地域づくり教育を進めている浦幌町では，中学生が学習・提案した地域の価値を実現しようとする「子どもの思い実現事業」，さらに「若者仕事創造事業」を展開している。

　エンゲストロームは，学習の文化的進化を学校教育と労働活動と科学・芸術の三つの潮流にまとめ，根源的な労働活動を基本に据えた（E ① p.140）。しかし，生活と労働の社会教育的統合に向けては，学校からの拡張的学習との連携や，科学・芸術活動とくに「文化創造」活動の独自の位置付けも必要である。

　上記浦幌町の活動は前者の例であるが，後者としては，剣淵町の「絵本の里づくり」が注目される。絵本による生活の見直しにはじまり，対応するエコロジカルな農業生産・加工活動，障がい者福祉からの木工・陶芸そして喫茶店などの仕事展開，町立高校（農業国際・生活福祉系列）との連携，それらを媒介する図書館「絵本の館」（コモンズ）を中核とする「絵本の里づくり」は，共通する「やさしさ」（固有価値）の文化の創造・蓄積を通して可能となった。

　「文化のまちづくり」は「演劇の富良野市」「花の街・恵庭市」そして「生涯学習の士別市」など地方都市に広がっているが，そうした実践には「創発を含む創造性」形成が不可欠である。「拡張的移行のサイクル」（E ① p.332）の拡充に関わるもので，日本で開発された「発想法」や批判的実在論による社会科学方法論，生命的宇宙科学における ECTE 理論などに学ぶ，新しい実践的理論が求められている[10]。

おわりに

　ワークライフバランスへのアプローチにおいては，学習方法論以上に学習内容論が問われる。しかし，日本社会教育学会では年報『現代成人教育内容論』（1989年）以後，まとまった取り組みは見られない。体系的かつ動態的な「社会教育カリキュラム論」が必要になってきている。カリキュラムとは本来「学習の履歴」であり，学習者と教育実践者の協働によって作成される。社会教育の場合，その蓄積は，地域における学習実践の「未来に向けた総括」としての社会教育・生涯学習計画に反映される。エンゲストロームは，拡張的学習は「いまだここにないものを学ぶ」ことだと言っているが（E ③ p.10），そうした学習を含む将来計画づくりが必要である。

　求められているのは，それぞれの地域の将来を住民主体で構想し，それを具体的な地域計画にしていくことである。生活と労働の統合的学習は，その中に「領域横断的活動」として位置づけられるであろう。

【註】

1）①Y. エンゲストローム『拡張による学習―活動理論からのアプローチ―』山住勝広ほか訳，新曜社，1999年，②同『変革を生む研修のデザイン―仕事を教える人への活動理論―』松下佳代・三輪建二監訳，鳳書房，2010年，③同『拡張的学習の挑戦と可能性―いまだここにないものを学ぶ―』山住勝広訳，新曜社，2018年。

2）鈴木敏正『主体形成の教育学』御茶の水書房，2000年，pp.184-189.

3）山住勝広『活動理論と教育実践の創造―拡張的学習へ―』関西大学出版部，2004年，同『拡張する学校―協働学習の活動理論―』東京大学出版会，2017年。

4）元木健・田中萬年『非「教育」の論理―「働くための学習」の課題―』明石書店，2009年。

5）A. H. レオンチェフ『活動と意識と人格』西村学・黒田直美訳，明治図書，1980年，pp.143, 164, 180.

6）鈴木敏正『増補改訂版 生涯学習の教育学―学習ネットワークから地域生涯教育計画へ―』北樹出版，2014年，第Ⅲ章および第Ⅳ章（エンゲストロームに触れている），同「SDGs 時代の『創り手』としての主体的人格―教育学的振り返りをとおして―」『北海

学園大学開発論集』第108号，2021年。

7 ）N．フレイザー／A．ホネット『再分配か承認か？―政治・哲学論争―』加藤泰史監
　　訳，法政大学出版局，2012年。

8 ）山田定市・鈴木敏正編『地域づくりと自己教育活動』筑波書房，1992年。

9 ）くわしくは，鈴木敏正『「コロナ危機」を乗り越える将来社会論―楽しく，やさしさ
　　へ―』筑波書房，2020年，第Ⅲ編。

10）鈴木敏正「地域文化活動における『創発を含む創造性』―『ENIWA 学』のために
　　―」『北海道文教大学論集』第22号，2021年。

ABSTRACT

Social Education in a Work-Life Balance Era

Studies in Adult and Community Education
No. 65 (2021)
Edited by
The Japan Society for the Study of Adult and Community Education

Perspectives on Adult and Community Education from the Work-life Balance: Reconstructing Work and Life in the "Society where Everyone Works"

IKEGAYA, Mieko
(Tokai University)

This paper is a study of the possibilities of adult and community education from the current significances of discussions on an undivided relationship between work and life.

In Japan, the standard of work and life was built from the employment system centering on men as full-time workers, and a social system based on a gender division of labor. Various issues have arisen due to claims about this standard after the 1990s, and these are termed work-life balance policies. Such policies generally have aimed at changing the present social system into a "society where everyone can work." This has the value of releasing full-time workers, who are mainly men, from their workplaces by shortening working time and encouraging women and elderly people to work.

While previous studies on adult and community education have thus far pointed out the undivided relationship between work and life, these have had a divided lineage for each of the issues at workplaces and in everyday life.

In this situation, the work-life balance era could be an opportunity to link work and life for adult and community education. The studies could work together with actions for overcoming the labor-centered society by enhancing the values of civic action and community work. Moreover, the studies could consider formatting subjects that create autonomous work and life from the perspective of "time sovereignty" by reviewing time as a resource in every phase of life. The development of future discussions on requirements for the society where everyone can have opportunities for adult and community education in a society where everyone works, that is, creating an environment that permits adult and community education as public education are to be expected.

Adult and Community Education as the Seams of Families and Their Lines of Flight

TOMINAGA, Takahiro
(Tsuru University)

This paper studies how we could face and empower various situations of families as their lines of flight on previous studies of adult and community education. Previous studies have expected the future development of practices and theories for the "new family" by questioning women's and family issues. Moreover, the gender perspective has widened such expectations beyond women and family. On the other hand, the 2007 Work-Life Balance Charter and the policies contained in it could be seen as significant and reactionary for gender equality from that perspective. For predicating work-life balance on daily life beyond such a charter and policies, families' various lines of flight from familism and heterosexism are needed. Those lines show two liberties; the liberty from state power to separate sexuality, consanguinity, and generation from marriage, and creating the exterior; and the liberty due to state power to redouble marriage diverse sexuality, consanguinity, and generation. When adult and community education follow these lines of flight from the current standards regarding the family, that could provide learning activities on the ties between the difficulties experienced by the "standard family" and the lines of flight from it. That could bring intersectionality into its practices and theories, and that could make adult and community education the seams for the values of the "new family" in communities.

"Standardization of Dependency" and the Creation of Free Time Culture
—Consideration from "Work and Life" of Persons with Disabilities and Their Mothers—

MARUYAMA, Keishi
(Kyoto University of Education)

This paper is focused on the "work and life" of persons with disabilities and their mothers.

The work of persons with disabilities is important, not only for economic income, but also for human development and the richness of life. With regard to the lives of people with disabilities, it is necessary to improve the environment for enhancement of leisure activities.

Mothers who have children with disabilities tend to have labor constraints. It is necessary to pursue the mothers' right to work. In addition, it is also important for mothers' lives to be freed from care for their children and to be able to enjoy leisure activities.

With regard to the right to work of persons with dependency, we have to change the "standard" that emphasizes productivity and efficiency in work. At the same time, it is necessary to stop regarding long working hours as "standard" and to make short working hours a "standard" that meets the needs of persons with dependency.

"Standardization of dependency" is also needed for the creation of a free time culture. Public support is essential to enhance leisure activities for people with dependency.

Analysis of the Diffusion and Establishment Process of Recurrent Education
—Focusing on Labor and Education Policies in Sweden—

SASAI, Hiromi
(Tamagawa University)

In this paper, it is clarified that recurrent education theory, which is inherited from the context of UNESCO's lifelong education theory, has the following essential features. These features are that recurrent education theory embodies the idea of democratization (equalization) of education, that students can freely set the time of their schooling in their own lives, and that they can form their careers by moving back and forth between their work and private lives.

How these features of recurrent education were materialized into systems and policies were analyzed and considered, paying attention to the social background, for Sweden, where recurrent education is widespread and well-established. The spread and establishment of recurrent education in Sweden were facilitated by the fact that paid educational leave was institutionalized early on, allowing students to re-educate (re-learn) at a time of their choosing, and that tuition fees were relatively low. Above all, the establishment of collective agreements between labor unions and employers as a social rule is of great significance. In other words, by having workers and employers aiming in the same direction, a common understanding of the promotion of recurrent education has been established in society as a whole.

This focus on the "workers' right to learn" is important in removing obstacles to the spread and establishment of recurrent education. In Japan, systems and policies to realize recurrent education have been introduced since the 1990s, but the Swedish case provides valuable suggestions for further expansion of these systems and policies.

The Process of Youth Group Formation to Support the Lives of Disabled Youth: Focusing on the Practice and Philosophy of Kunitachi City Community Learning Center

HASHIDA, Nariko
(University of Tsukuba)

In this research, the role of practice of social education in working on issues related to the lives of disabled people was clarified. To this aim, this study focused on the learning practices developed by the staff of the community learning center (Kominkan) and local youth in Kunitachi City, Tokyo, from the mid-1970s to the 1980s.

In the 1970s, people with disabilities were isolated from people without disabilities from school age to adulthood. People with disabilities attended special schools, and had different career paths after graduation. The negative impact of the oil crisis brought about a high unemployment rate, and people with disabilities could work in sheltered workshops.

However, their parents petitioned the local government and their children were able to attend the programs of the Kominkan. They developed a feeling of friendship as 'fellow citizens of their generation' through their collaborative work with non-disabled peers.

Moreover, the non-disabled youth (and some disabled youth) recognized the inequality of the lives of the disabled peers through the investigation. They then became committed to improving the living condition of their peers.

With the support of the staff of the Kominkan, the young people worked towards the vocational independence of the disabled youth and were able to create a coffee shop where they could work together in the center.

Through the results of this study, it was revealed that social education practices supported solutions to issues related to the lives of disabled people in the following roles. Firstly, social education developed empathy and friendship among the separated people. Secondly, solutions were supported by recognizing the problems of inequality in work and life that exist in separate lives and encouraging people's commitment to improving the lives of their peers. It was also revealed that these practices were supported by the staff of the Kominkan, who encouraged the youth to work towards the independence of their peers.

Career Support and the Creation of a Society that Supports Life and Careers

ABIRU, Kumi
(Waseda University)

Since the 1990s, Japanese children and youth have faced tremendous difficulties in the "transition from school to work," because youth employment has become unstable. Under such circumstances, career education has spread rapidly since the beginning of the 2000s. "Career" can be organized into "work career" that focuses on the work and labor side of life and "life career" that includes all aspects of life, such as relationships with family, friends, volunteer activities, hobbies and local region activities. However, work career is often emphasized in career education. The focus of this paper is a learning support project for children and youth as a learning activity that forms a life career, and clarifies the meaning of that activity.

The following are clear from the career development support provided through the learning support project. First, career education tends to fall into individualistic education, but it is possible to create career education that fosters cooperation. Second, it is important to understand career education practices in a relational manner. Thirdly, the career development support program has a different approach depending on whether it is implemented in an urban area or a mountainous area, so it is necessary to consider and analyze the regional characteristics. Career education should not only foster individual career development, but should also be carried out together with the creation of a society in which children and young people can grow up.

Meaning of Work and Life for Social Education Staff: A Study on Non-Regular Employees as People at the Center of the Issue

IGUCHI, Keitaro
(Ministry of Education, Culture, Sports, Science and Technology)
SUZUKI, Mari
(Graduate School, Waseda University)

The purpose of this article is to describe the reflective process of acquiring the "meaning of work and life" based on the experiences and thoughts of social education staff while they integrate their life and work. As a result, it has been shown that there are three factors, "an actor, a learner, and a citizen," which are cultivated in the life and life experience as social education staff. In addition, they also form their own identity as social education staff. Through the description of the career of female non-regular staff members at community learning centers and the experiences of learners, it was suggested that the three factors identified would be the basis for the rearrangement of the "learner-facilitator" relationship and the building of cooperativity aid the staff in acquiring the "meaning of work and life," and promote self-formation/self-awareness as a professional.

Reconsidering the Approach of Social Education for Developing Women Managers in the Corporate Sector

HORIMOTO, Mayuko
(Toyo University)

The purpose of this paper is to explore the bridge between human resource development and social education by examining the program for developing women managers. For this purpose, first, the perception of social education and research for human resource development is reviewed from the perspective of integrated learning of work and life. Second, this paper analyzes a diversity management development program by the National Women's Education Center (NWEC). The learning content of the program for developing women managers and the learning capability within social space are examined by conducting in-depth interviews with one participant and two members of the NWEC staff, a facilitator and a coordinator for the program.

Two findings have resulted from the research. One is that in the process of establishing the social space, both the participant and NWEC staff had learning outcomes that reflected the meaning of work beyond the framework of their organization. The other is that the perception regarding the learning capability within the social space was that it is "a flat space." A flat space is a space where everyone who participates in a learning space is equal and can "be free from their social roles based on duties of work and life."

Moreover, the social space within the collaboration between social education and human resource development has shown the possibility of educational value which facilitates learning to support the problem solving of women managers who struggle to balance life and work and to support the lifelong learning of women managers.

Farmers' Learning and Quality of Life: A Case Study of "My-Pace Dairy Farming"

KOUNO, Kazue
(Hokusei Gakuen University, Retired)

This paper explores a unique work-life balance action called "My-Pace Dairy Farming (MPDF)" in Betsukai Town, based on the Farmers' Learning Movement that has been active since the 1970s.

The policy of expanding the scale of farm management, which symbolizes modern dairy farming, has accelerated competitive agricultural circumstances. While dairy farming based on family operations has been critically viewed as the cause of destruction of human life and work, farmers in Betsukai have been acquiring friendly dairy farming for both humans and cattle. In the process of learning activities by farmers themselves, a new type of dairy practice MPDF was developed. The key features of MPDF are the providence of nature and sustainability, grazing, appropriate scale, and low investment. It is revealed that the dairy management learning process has suggested an alternative way of thinking for actualization of the work-life balance.

Combined Work-Life Support for Women Facing Difficulties: Significance of Job-Seeking Assistance with Livelihood Components

NOYORI, Tomoko

(Fukuoka Women's University)

The aim of this paper is to examine the kinds of support required to provide job-seeking assistance for women facing difficulties. "Women facing difficulties" here refers to single women or single mothers who are susceptible to hardship due to unfavorable circumstances in job-seeking, including women for whom insecure employment has become prolonged, those who lack work experience having had setbacks at the early stage of their career, and those who have been displaced from multiple jobs. One reason for the hardships experienced by such women is that Japan's social system is centered on the "male breadwinner" model. A wage system in which families are supported by male incomes and the system of social security that complements it, culminate in an environment in which women's wages are low. Since women who are not coupled with a "male breadwinner" are also subject to this social system, single women who are irregularly employed are susceptible to hardship. In other words, the social system centered on the "male breadwinner" model can be seen to act as a barrier to women's independence.

This study is therefore an examination of the kinds of job-seeking assistance required to promote women's independence within such a social system.

Learning of Fathers as Living People and the Creation of New Value: A Case Study of a Single-Father Handbook Creation

YOSHIOKA, Akiko

(Hokkaido Bunkyo University)

In Japan, where gender roles are deeply rooted, it is difficult for men to live as single fathers. Fathers in single-parent families have not been positioned as targets for parenting learning in public social education facilities. In addition, this has not been fully positioned in the practice of child-rearing cooperation by civic organizations. Young people, women and the elderly have been excluded from the workplace due to the gender division of labor and the expansion of non-regular employment. However, because single fathers are regularly employed adult men, it has been difficult to visualize their plight despite the serious challenges they face in the workplace. This paper is focused on the fathers of single-parent families and captures the challenges and possibilities of social education practice. The subject of research is the process and learning involved in creating a "single father handbook" by fathers of single-parent families. The following issues were organized in the compilation of the handbook. The job challenge was the difficulty of continuing to work at the company while raising children. The challenge in life was the lack of public support due to lack of housework skills and income requirements. The most serious issue is the lack of parenting companions. This is a matter of loneliness. Creating a handbook led to organizing single-father issues and making friends. Furthermore, it is developing into a means of disseminating issues to society and acting as a supporter for single-parent families.

"Work Style Reform in School" and Gender Issues: Based on the Case Study of the Career Development Process of the Superintendent of Education and the Reform Practice in Taku City, Saga Prefecture

IIJIMA, Eri
(National Women's Education Center)

The purpose of this paper is to examine the measures for "work style reform in schools" and to consider the necessity of a gender perspective, based on the status quo of the gender gap of teachers in elementary and secondary education. In considering this, the case of the Taku City Board of Education, which focuses on the work-life balance of teachers while taking a gender perspective, will be taken up, and explored to examine how awareness and conflict of gender challenges in the reform-leading superintendent's career development process affect reform practices.

Behind the low proportion of women in managerial positions at school is not only the disparity in the workplace, but also the disparity in the division of roles in family life. On the other hand, the main purpose of "work style reform in schools" is to reduce working time to improve the quality of education for children. In the future, it will be necessary to improve the working environment for teachers and to look at aspects of life. The case study shows that it is important to share the reconstruction of the overall work-life styles of teachers as an organizational issue, and for that purpose, it is crucial for diverse human resources to participate in the decision-making process. As a future subject of social education research, it will be important to expand the target and focus of research.

U-turning and I-turning: Community Participation, Community Development and the Creation of New Lives and Livelihoods

OJIMA, Miwa
(Teikyo University)

U-and I-turners are people who have returned or migrated to rural areas or smaller towns and cities after having made a comprehensive assessment of the locale to which they were relocating and the work they intended to do there. The purpose of this paper is to clarify how they created new lives and livelihoods by actively building connections with local residents and engaging in community development activities.

Interviews with U-and I-turners in Towada City, Aomori Prefecture, revealed that they were seeking to earn a living in this semi-rural area they had chosen by acquiring specialized skills and starting new businesses. In addition, by bringing in professions and enterprises that had not yet been established in this area, they discovered that they were able to exploit their individuality and know-how to gain job satisfaction.

In order to attract customers and clients, however, U-and I-turners found that they had to make people in the local community aware of their existence, the work they do, and the services they had to offer. For this purpose, they have willingly and actively participated in local community activities that lead to a community development that can form the basis for their own lives and the lives of future generations. This has led to the creation of new community-building practices that bring these newcomers and local people together.

A Learning Theory towards Balance to Combination of Work and Life: Through Critically Expanding the "Expansive Learning Theory"

SUZUKI, Toshimasa
(Professor Emeritus, University of Hokkaido)

To balance work and life, we need to combine these both collectively and socially, besides to balance each of these personally. The article proposes a practical theory to integrate the learnings of work and life, through critically expanding the "Expansive Learning Theory" based on the "Activity Theory".

Firstly, the article considers the contemporary problems of work and life, and describes the meanings of the "Activity Theory". The theory understands that work (production) and life (consumption) are elements of a process, and grasps the "Activity System" of the whole society through the embryo model of the triangle, "subject-instruments (artifacts)-object".

Secondly, it discusses the five features and problems of the third generation of "Activity Theory", namely "Expansive Learning Theory" by Y. Engestrom. We must reorganize this to expand towards the theory of Adult and Community Education, starting from the concept of personality.

Thirdly, it examines the "Investigative Learning" and "Developmental Work Research" as the practical theories by Engestrom etc., and investigates the directions towards critical expansion of the "Expansive Learning Theory". We require the theory of Self-directed Education Process and educational forms with the learning contents of work and life.

Fourthly, it points out the "Community Development Education" to integrate the learnings of work and life and to accumulate the community learnings and culture. Recently, we can see the examples of this in the practices of "Education for Sustainable and Inclusive Community" in Hokkaido Prefecture.

Lastly, it emphasizes the importance of evaluating the integrative learnings of work and life in Planning the Community Lifelong Learning and Social Education.

あとがき

　本年報『ワークライフバランス時代における社会教育』は，日本社会教育学会プロジェクト研究「ワークライフバランス時代における社会教育」（2017年10月〜2020年9月）の研究活動をもとに編集された。

　プロジェクト研究のねらいは，労働や生活のありようが大きく変容し，分断された社会において，社会教育実践が人々の生活世界の創造をいかに支え得るのかを検討することにあった。そしてこれらを通じて，今日的な社会教育実践の意義を確認することを目指すものであった。

　上記の問題意識を踏まえ，プロジェクト研究活動として，2018年1月から2020年2月まで，8回の公開研究会を開催し，その成果を研究大会および六月集会において報告した。以下は，研究活動の具体的経緯である。（所属は当時のものである。）

○2018年度（1年目）

・第1回公開研究会　（2018年1月28日　於：東海大学高輪キャンパス）
「ワークライフバランスに関する社会教育研究の到達点と課題」
報告者：池谷美衣子（東海大学）

・第2回公開研究会　（2018年3月25日　於：日本女子会館）
「男女共同参画行政・施設におけるワークライフバランス事業」
報告者：菊池朋子（公財・横浜市男女共同参画推進協会）

・第3回公開研究会　（2018年5月19日　於：日本女子会館）
「生涯学習と労働をめぐる今日的な政策展開と課題—リカレント教育の観点から—」
報告者：笹井宏益（玉川大学）

・六月集会（2018年6月2日　於：東洋大学）
テーマ：ワークとライフを社会教育はどう取り上げてきたのか？
司会：冨永貴公（都留文科大学）・吉岡亜希子（北海道文教大学）
　報告1「ワークライフバランスに関する社会教育の研究系譜と課題」
　　　　　　　　　　　　　　　　　　　　　　池谷美衣子（東海大学）
　報告2「生涯学習と労働をめぐる今日的な政策展開と課題：リカレント教
　　育の観点から」　　　　　　　　　　　　笹井宏益（玉川大学）
　報告3「男女共同参画・社会教育行政における男性の学習」
　　　　　　　　　　　　　　　　　　　　　　髙井　正（立教大学）
　コメンテーター：村田晶子（早稲田大学）・阿知良洋平（室蘭工業大学）

・第4回公開研究会　（2018年7月29日　於：北海道文教大学）
「生活者としての父親たちの学びと新しい価値の創造」
　　　　　　　　　　　　　　　　　報告者：吉岡亜希子（北海道文教大学）

・第5回公開研究会　（2018年9月22日　於：日本女子会館）
「非正規シングル女性たちの労働・生活問題」
　　　　　　　　　　　　　　　　　報告者：野依智子（福岡女子大学）

・第65回研究大会（2018年10月5日，於：名桜大学）
テーマ：社会教育はワークライフバランス時代にどのような意義を持ちうる
　　か（1）ジェンダーの視点から
　　　　　　　司会：井口啓太郎（文部科学省）・河野和枝（北星学園大学）
　報告1「「ジェンダーと社会教育」のこれまでとこれから」
　　　　　　　　　　　　　　　　　　　　　　冨永貴公（都留文科大学）
　報告2「非正規シングル女性たちの労働・生活問題」
　　　　　　　　　　　　　　　　　　　　　　野依智子（福岡女子大学）
　報告3「生活者としての父親たちの学びと新しい価値の創造」
　　　　　　　　　　　　　　　　　　　　吉岡亜希子（北海道文教大学）
　　　　　　　　　　　　　　　　コメンテーター：南出吉祥（岐阜大学）

○2019年度（2年目）

・第6回公開研究会 （3月15日（金）於：明治大学）
「社会教育がワークライフバランスを論じることの意味：社会的に困難にある人々とともに働くワーカーズコープの実践から」

報告者：大高研道（明治大学）

・第7回公開研究会（5月11日（土）於：日本福祉大学名古屋キャンパス）
①「"マイペース酪農" にみる仕事と暮らし―バランス論を超えて―」

報告者：河野和枝（元・北星学園大学）

②「ハンセン病回復者の存在論」

報告者：小林洋司（日本福祉大学）

・六月集会（2019年6月2日，於：東京大学）
テーマ：社会教育はワークライフバランス時代にどのような意義をもちうるか（2）オルタナティブな生活世界の営みに学ぶ

司会：井口啓太郎（文部科学省）・橋田慈子（筑波大学大学院）

報告1「社会教育がワークライフバランスを論じることの意味」

大高研道（明治大学）

報告2「"マイペース酪農" にみる仕事と暮らし―バランス論を超えて」

河野和枝（元・北星学園大学）

報告3「ハンセン病回復者の存在論：ワークライフバランス時代における「ライフ」を問う」

小林洋司（日本福祉大学）

コメンテーター：阿比留久美（早稲田大学）

・第66回研究大会（2019年9月13日，於：早稲田大学）
テーマ：社会教育はワークライフバランス時代にどのような意義を持ちうるか（3）職場・企業における教育・学習をめぐって

司会：矢口悦子（東洋大学）・飯島絵理（国立女性教育会館）
報告1「社会教育研究において労働・職業が有するパースペクティヴについて」

末本　誠（湊川短期大学）
報告2「人材開発研究のフロンティア」　　　　中原　淳（立教大学）
報告3「過労死と企業社会―『過労死を考える家族の会』の取り組みから
　見えるもの―」

寺西笑子（全国過労死を考える家族の会代表世話人）
コメンテーター：池谷美衣子（東海大学）

○2020年度（3年目）

・第8回公開研究会（2019年11月9日　於：早稲田大学戸山キャンパス）
「スウェーデンにおけるワークライフバランスと社会教育―移行期政策をて
　がかりに―」

報告者：両角達平（文教大学・研究員）

　残念ながら，2020年2月からの新型コロナウィルスによるパンデミックに
よって，3月の第9回公開研究会（於：北海道大学），そして六月集会が中
止となった。さらには，総括的な位置づけになるべき2020年9月研究大会も
オンライン開催となり，プロジェクト研究の総まとめにむけた十分な議論が
できなかったことが悔やまれる。以下は，予定を変更して実施した2020年2
月以降の公開研究会と研究大会である。

・特別公開研究会（2020年6月13日　於：Zoom会議システム）
テーマ：社会教育はワークライフバランス時代にどのような意義を持ちうる
　か（4）〈キャリア〉と職業の関係を問い直す
司会：堀本麻由子（東洋大学）・小林洋司（日本福祉大学）
報告1「ライフキャリアの観点から〈キャリア〉を問う」

阿比留久美（早稲田大学）

報告2「スウェーデンにおける若者の余暇と社会参画」

　　　両角達平（（独）国立青少年教育振興機構　青少年教育研究センター）

報告3「労働と生活をとらえかえす社会教育実践の現在―地域青年団の学
　　習・運動を手がかりに」

　　　　　　　　　　　　　　　　　　　　　辻　智子（北海道大学）

　　　　　　　　　　コメンテーター：宮﨑隆志（北海道大学）

・第67回研究大会（2020年9月13日　於：Zoom会議システム）

テーマ：ワークライフバランス時代の社会教育を問い直す

　　　　　　　　　司会：池谷美衣子（東海大学）・野依智子（福岡女子大学）

報告1「企業における教育・学習の再検討―働く女性の学習内容・方法を
　　中心として―」

　　　　　　　　　　　　　　　　　　　堀本麻由子（東洋大学）

報告2「公民館実践再考のための視点―プロジェクト研究3年間の議論を
　　踏まえて―」

　　　　　　　　　　　　　　　　　井口啓太郎（文部科学省）

　　　　　　　　　コメンテーター：岡　幸江（九州大学）

　　最後に，2020年度プロジェクト代表，副編集委員長として本年報編集の過
程において考えたことを記しておきたい。

　　まず，学会の若手研究支援策の一環である研究助成を受けた研究活動が一
つの契機となって，プロジェクト研究が始まり，年報へと帰結できたこと
は，学会による若手支援の組織的活動の成果であった（2012年度若手会員萌
芽研究助成「男性の学習と生活世界の自律的創造―ポスト青年期に着目して
―」『日本社会教育学会紀要』No.49-2, 2013, pp.48-52）。近年，若手研究者
の育成や研究交流を促す支援策は，学術関連団体において最重要検討事項の
一つになっており，本学会でも同様である。若手を含めた学会の研究交流の
活性化策から新たなプロジェクト研究が生まれてくることに，更なる期待を
したい。一方で，プロジェクトテーマに関する新たな創造的価値を導くため
に多くの学会員を巻き込んだ対話的な議論の場を設定することを目指したも

のの，人的ネットワークや研究関心が狭くなりがちな若手研究者にとっては苦心する部分もあった。プロジェクト運営においては，メンバー外の会員にも多くを支えられたことに改めて感謝したい。

　また，年報編集の過程では，「プロジェクト研究のまとめとして一冊の書籍を編集するというアプローチと，学術論文として一定の水準を担保する査読システムによる編集」という年報の二面性に苦慮した。この課題については，以前より年報編集に関わって議論があったが（たとえば，第51集『NPOと社会教育』（2007）pp. 1 - 3参照），本年報の編集委員会においても，臨時編集委員会を開催し，議論を行った。学会年報のあり方を含んで，本学会でも様々な改革が検討されていると聞く。今回の年報編集を通じて見えてきた課題を，日本社会教育学会の新たな展望を拓くものへとつなげたい。

　本年報の編集にあたりご協力くださった多くの皆様に，心から感謝申し上げます。

2021年6月
堀本麻由子

執筆者一覧 (執筆順)

池谷　美衣子（東海大学）

冨永　貴公（都留文科大学）

丸山　啓史（京都教育大学）

笹井　宏益（玉川大学）

橋田　慈子（筑波大学）

阿比留　久美（早稲田大学）

井口　啓太郎（文部科学省）

鈴木　麻里（早稲田大学大学院）

堀本　麻由子（東洋大学）

河野　和枝（元北星学園大学）

野依　智子（福岡女子大学）

吉岡　亜希子（北海道文教大学）

飯島　絵理（国立女性教育会館）

生島　美和（帝京大学）

鈴木　敏正（北海道大学名誉教授）

日本社会教育学会年報編集規程（抄）

1．日本社会教育学会年報（日本の社会教育）は日本社会教育学会の研究成果を集約する目的を持って，毎年1回刊行される。

2．年報のテーマは総会で決定される。

3．年報編集委員会は理事会のもとにおかれる。編集委員は常任理事会で決定され，その任期は当該年報の刊行をもって終了する。

4．応募原稿の採否は，編集委員会で決定した査読者による審査を経て編集委員会が決定し，常任理事会に報告する。

5．掲載原稿の著作権は原則として本学会に帰属する。掲載論文の複製・翻訳等の形で転載を希望する場合には，本学会の了承を得なければならない。

6．投稿原稿に使用する言語は原則的に日本語とする。ただし本学会・編集委員会で特に他の言語の使用を認める場合には，この限りではない。

7．本学会『社会教育学研究』，他の学会誌，その他研究紀要等への投稿と著しく重複する内容の原稿を，本誌に投稿することを認めない。ただし学会等における口頭発表およびその配付資料はこの限りではない。

〈日本の社会教育第65集〉
ワークライフバランス時代における社会教育

2021（令和3）年8月31日　初版第1刷発行

［検印廃止］

編　集　日本社会教育学会年報編集委員会
　　　　委員長　池谷美衣子
　　　　〒183-8509　東京都府中市幸町3-5-8
　　　　　　　　　東京農工大学 農学部
　　　　　　　　　環境教育学研究室 気付
発行者　錦織圭之介
発行所　株式会社東洋館出版社
　　　　〒113-0021　東京都文京区本駒込5-16-7
　　　　営業部　☎03-3823-9206　fax. 03-3823-9208
　　　　編集部　☎03-3823-9207　fax. 03-3823-9209
　　　　https://www.toyokan.co.jp　振替　00180-7-96823

印刷・製本　藤原印刷株式会社

©2021　The Japan Society for the Study of Adult and Community Education
ISBN978-4-491-04596-2　Printed in Japan